AF366104

Vive
Tu
Cambio

Prólogo de LAIN, autor del best seller LA VOZ DE TU ALMA

La Vida te habla...¡ESCÚCHALA!

Título: *Vive tu cambio*
© 2020, Ana Blaya

Autoedición y Diseño: 2020, Ana Blaya

Primera edición: marzo de 2020
ISBN-13: 978-84-18489-76-1

Dedicado con todo mi amor, a mis hijas Saray y Ania, os amo.

Dedicado a los que siempre estáis ahí, a los que vieron mi evolución y creyeron siempre en mí.

Dedicado a mi familia, ellos han sido los maestros de mi vida.

Dedicado a mis amigas, que siempre me escucharon atentamente.

Y especialmente a ti, querido lector, por confiar en mí, para tu cambio.

ÍNDICE

PRÓLOGO DE LAIN

Todo el mundo quiere cambiar algo en su vida: sus finanzas, sus relaciones,

su salud, su físico, sus negocios, sus amistades, etc.

Todos queremos que algo cambie y, para eso, siempre buscamos al culpable

de nuestra situación para cargarle el 100% de la responsabilidad del por qué

nosotros estamos así y, sobretodo, del por qué nosotros no podemos estar

como desearíamos.

Buscamos enemigos en el exterior y, de hecho, los encontramos, pero por

más enemigos que encontramos y responsabilizamos, nuestra situación

sigue igual.

Eso es porque NADA PUEDE CAMBIAR SIN QUE TÚ CAMBIES, y cuando

cambies, verás que poco a poco el exterior se irá acomodando para encajar

con ese cambio.

Nada llega a nuestra vida por casualidad, sino por CAUSAlidad, por

sincronicidad, por principio de causa y efecto. Las

cosas llegan a nuestra

vida con un PROPÓSITO.

Por eso, si tienes este libro en tus manos, significa que tiene algo importante

para ti que te ayudará con tu evolución. ¡Aprovéchalo! Gracias Ana por

escribirlo.

Lain, autor de la Saga LA VOZ DE TU ALMA.

www.lavozdetualma.com

¿ESTÁS PREPARADO PARA CAMBIAR TU VIDA, A LA VIDA QUE SIEMPRE SOÑASTE?

¿TE ATREVES A CONSEGUIRLO?

Éste libro está escrito, para todas aquellas personas que quieren cambiar su vida, que sienten que la vida que están teniendo no es la que desean.

Hay veces en la vida que nos hacemos conscientes de que no estamos viviendo la vida que realmente queremos, estamos viviendo la vida que los demás quieren que vivamos. Nuestro entorno, la sociedad, sobre todo nuestra familia, nos llevan a vivir su vida.

Y de repente, en un momento de tu vida te paras a pensar…y sobre todo a sentir…

¿ES ÉSTA LA VIDA QUE YO QUIERO?

Y ahí es cuando comienza tu conflicto interno;

-¿Por qué yo tengo que hacer esto que no me gusta?

-¿Por qué yo tengo que ir… si no quiero ir?

-¿Por qué yo tengo que creer en eso… si no son mis creencias?

Empiezas a darte cuenta que estás haciendo cosas que a ti realmente no te llenan, para complacer a los demás.

¿Te sientes vacío, sientes que nadie te entiende y te encuentras solo ante el desafío de cambiar tu vida?

Pues déjame decirte una cosa:

¡¡¡NO ESTAMOS SOLOS!!!

¡¡¡El Universo nos acompaña SIEMPRE!!!

Cuando el alumno está preparado, el maestro aparece.

¿ESTAS PREPARADO PARA CAMBIAR TU VIDA?

¡¡¡Pues vamos a ello!!!

Siempre estás a tiempo de construir la vida de tus sueños.

Escucha la Voz de tu Alma, ella es la que te guiara para estar en el verdadero camino de tu vida.

Desde siempre me sentí alguien especial, como lo somos todos, alguien que venía a esta vida para algo más que quedarme estancada con la rutina diaria.

Me parecía súper aburrido hacer siempre las mismas cosas diarias y que fuesen pasando los días... sentía en mi interior que había algo más. Nunca encontraba un trabajo estable, siempre tenía que andar buscando de acá para allá, sin saber que todos esos cambios me llevaban a vivir nuevas experiencias, nueva gente, nuevos aprendizajes...y poco a poco, una se va dando cuenta de la magia de la vida, de que siempre la vida te va poniendo en el lugar correcto y con las personas correctas en ese momento para tu evolución.

Así fui despertando a la magia de la vida, cada vez fui haciéndome más consciente de mi vida, y dándome cuenta de que no tenía la vida que quería, que ni yo sabía lo que realmente quería, porque siempre había vivido la vida de los demás, y la mía hasta se me fue olvidando. A través de las meditaciones y varias terapias, fui descubriéndome y escuchando la voz de mi alma, desde ese momento la vida empezó a hablarme, a guiarme muy mágicamente...cada vez me sorprendía más, de que si de verdad te escuchas, la vida te habla...y así, fui dándole sentido a mi vida.

Dejando el ego a un lado y escuchando a mi alma, fui descubriendo quienes somos, a que hemos venido, a que todos tenemos un propósito en esta vida, conseguí confiar en el universo y me empoderé, cogí las riendas de mi vida y pude liberarme de todo y todos los que no me dejaban volar.

Decidí salir de mi zona de confort y mágicamente todo se fue recolocando en su sitio.

Elegí vivir desde el corazón, ayudándome de la razón, el mejor camino que puedo estar recorriendo en mi existencia.

Una de las claves para mí fue, y lo sigue siendo, la confianza, la confianza en mí, en la vida, en saber que hay algo o alguien que me irá guiando, a cada paso que voy dando, tan solo confio y persevero en este sentir.

Le di sentido a mi vida, fueron apareciendo personas mágicas que me hicieron ver el gran valor que tenía, me enseñaron a vivir la vida al máximo, a disfrutar de cada momento, de las cosas simples…y fui trascendiendo.

Todos estos aprendizajes, me han enseñado a que nosotros somos los dueños de nuestra propia vida, a que hay un plan divino perfectamente diseñado para nosotros, a que solo tú, tienes el poder de crear tu propia vida, y en ello estoy.

Cumpliendo mis sueños, creando la vida que siempre soñé y por supuesto, ayudando a las personas a que cambien su vida y vivan la vida de sus sueños.

BIENVENIDA

BIENVENIDO

¡VIVE TU CAMBIO!

AGRADECIMIENTOS

Doy mil gracias al Universo por permitirme esta experiencia tan maravillosa con la que siempre soñé.

Mil gracias a Laín García Calvo, por ser mi mentor y transformar mi vida en todos los sentidos.

Mil gracias especialmente a Fran Sánchez, mi Alma Gemela, sin su apoyo nada de esto habría sido posible.

Mil gracias a mis hijas Saray y Ania por el amor que me dan cada día.

Agradecer a mi madre, porque ella fue la gran maestra de mi vida para que yo evolucionara.

Agradecer a cada una de mis parejas, porque con ellos obtuve los grandes aprendizajes de la vida.

Agradecer a mis amigas, especialmente Amparo, porque siempre ha creído en mí.

Gracias a mi hermana del Alma Mª José, porque gracias a ella desperté mi conciencia.

Y mil gracias, gracias, gracias a mi padre, porque sé con firmeza y siento en mi Alma, que allá desde el cielo me ayuda diariamente y esta súper orgulloso de mi.

Mil
GRACIAS

1.

-¿QUIENES SOMOS?-

SOMOS SERES ESPIRITUALES, VIVIENDO UNA EXPERIENCIA HUMANA

Disfrute cada paso sobre la Tierra, sea feliz, libre, espontáneo, cada paso abrirá el camino, cada camino te llevará al encuentro con tu Alma, y sea eso precisamente, un ser espiritual viviendo una vida humana y no al revés.

Lo maravilloso del mundo se encuentra dentro de ti.

El problema es…que lo olvidamos en el camino.

Tenemos miedos, inseguridades que provienen del hecho de que estamos en un cuerpo humano. Sin embargo, también tenemos un Alma, y esa parte invisible también somos nosotros.

El Alma es espacio, inmensidad, libertad para alcanzar el infinito.

El Alma quiere ser libre, salir de la jaula, quitarse las cadenas y expandirse. Todos somos extraordinarios. Pero en nuestro día a día, nos ponemos las limitaciones que aprendimos desde niños.

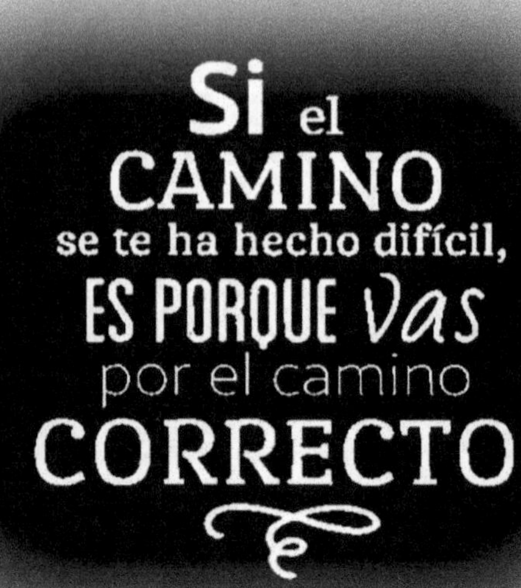

TU ALMA NUNCA TE LLEVARÁ POR CAMINOS EQUIVOCADOS

Somos seres de luz y de amor, de energía y poder ilimitados…y vinimos a aprender, metidos en este cuerpo que es nuestro vehículo, para experimentar los aprendizajes que nosotros mismos elegimos tener.

Imagínate que eres un piloto de fórmula 1 y se te entrega un vehículo para ir a una carrera, que es la vida misma. Me refiero a carrera, porque la vida es un circuito, donde vivimos algunos aprendizajes cíclicos, tenemos averías en nuestro vehículo, momentos de dificultad donde las cosas no van bien pero tenemos que superar, y así nos van cambiando de pista.

La cosa es que te identificas tanto con esta realidad 3D que a menudo piensas que eres el vehículo y no el piloto, el ser que maneja el vehículo.

Además crees, que ese circuito es todo lo que existe… que no hay nada más allá… pero te equivocas, sí que existe, sí que hay más circuito para pilotar.

¿Estás preparado para pilotar tu vehículo?

¡¡¡Pues vamos a ello!!!!

2.

-COGE LAS RIENDAS DE TU VIDA-

La vida es aquello que pasa mientras estás ocupado haciendo otros planes.

Toma las riendas de tu vida y se el dueño de tu vida.

Para ello, requiere tomar decisiones y pasar a la acción, es importante que vivas con autenticidad y presencia, es ahí donde radica la esencia de la felicidad.

Para vivir con autenticidad y presencia, tomando las riendas de tu vida, me gustaria dejarte unas pautas que considero te seran muy útiles:

- *MIDE TU EGO* -

EGO	ALMA
FALSO SER	VERDADERO SER
YO	NOSOTROS
SEPARACION	UNIDAD
CULPA	COMPRENSION
RESENTIMIENTO	PERDON
MIEDO	AMOR
QUEJA	GRATITUD
CELOS	FELICIDAD MUTUA
GUERRA	PAZ
FRIALDAD	SIMPATIA

La primera pauta, es que mires de frente a tu ego.

Es el ego el que te aleja de tus sueños, hacièndote sentir a veces superior y otras inferior.

El ego, tiende a valorar lo material desde la creencia, en vez del amor a los demàs. Éste ego, és el que te impide invertir tu tiempo en lo que realmente te hace feliz, te conecta con el miedo, y el miedo es lo contrario al amor.

Tú eliges: miedo o amor.

HAZLO,

Y SI TE DA MIEDO,

HAZLO CON MIEDO.

- *CULPA Y COMPRENSIÓN* –

Si te sientes culpable, és porque haces las cosas mal o no cumples con los mandatos. Éste sentimiento de culpa, nace dependiendo de lo que te hayan inculcado de niño, y de lo que hayas ido creyendo con la edad, como bueno o malo. Es una experiencia que activa tu miedo.

Los padres, educadores, la socieda, determina la moral de lo bueno o malo. Este hecho es una de las causas, que desde niño, dejas de vivir según a tus sentimientos y así, te desconectas de ti mismo para complacer a los demás.

¡No te acuses más!

El peor enemigo eres tú mismo, en pelea continua entre lo que eres y lo que piensas que deberias ser.

¡ *Acéptate tal y como eres !!!*

Aceptarte tal cual, no quiere decir que no puedas cambiar y mejorar, tienes que crecer como persona.

Acéptate para cambiar, deja a un lado la idea, el juicio... recupera tu camino. Necesitas ver quien eres realmente, conócete a ti mismo.

Esto te traerá alegria, claridad y comprensión.Sabrás quien eres realmente, el potencial ilimitado que reside dentro de ti, sólo entonces puedes hacer que tu vida sea la obra de arte que deseas.

NO SUEÑES TU VIDA, VIVE TUS SUEÑOS.

- QUEJA Y GRATITUD -

Cuando estás en la queja, no estás en el agradecimiento. Si decides estar en la queja, estarás enfocado en lo negativo,en lo que no te gusta, en lo que no quieres. Estarás desempeñando el papel de víctima y por tanto, atraerás a personas con el mismo rol.

En cambio, si apuestas por el agradecimiento, los valores que transmitas serán distintos. Los demás verán en ti compromiso, fuerza, generosidad y autenticidad.

Estarás enfocado en lo que quieres, crearás un entorno más saludable. Si algo no te gusta, cámbialo… si no puedes hacerlo, cambia tu actitud y no te quejes.

Cuando practiques "más gratitud, menos quejas" tu vibración se elevará de una manera que te sorprenderá, y conseguirás aún más tus sueños, metas y deseos, tu estado de bienestar será mayor y además fortalecerás tu confianza.

Agradecer, realmente te cambia la vida.
COMIENZA HOY !!!!

" LA GRATITUD ES RIQUEZA, LA QUEJA ES POBREZA"

-Doris Day-

- CELOS Y FELICIDAD -

Los celos son una señal de alarma, que te informa de la existencia de un peligro.

Son una respuesta emocional, al miedo de perder algo que consideramos que nos pertenece. Una idea sin duda altamente preocupante y sin duda negativa.

Si dejaras de lado la percepción de que el otro te pertenece, los celos no existirian, no puedes pretender que el otro sea un objeto que hace lo que queremos, cuando, cómo, dónde y las veces que lo desees. Debes entender que son una señal de advertencia que debes gestionar, que parte del miedo y la inseguridad en nosotros mismos.

La dependencia, la falta de autoestima y el miedo a la soledad, es la clave de los celos. Es necesario que inviertas en ti, que potencies tu autoestima, tu imagen, y confies en las personas que amas.

Que tu prioridad sea el amor hacia ti mismo, hacia la vida, hacia los demás… si eres capaz de amar lo sencillo, lo humano y los pequeños detalles, entonces conseguirás ser feliz. Las pequeñas cosas del dia a dia, son las que realmente nos pueden conducir a la felicidad, aprende a valorarlas.

La felicidad no es el destino, es el camino.

No es un lugar, es un estado.

No es una posesión material, es una sensación.

No es el qué, si no el cómo.

Ser feliz depende de ti mismo, sin ponerte condiciones, ni excusas. La felicidad son pequeños momentos fugaces que nos llenan de energia y emoción. Cuando te vuelvas a preguntar cómo ser feliz? Recuerda que la respuesta está en tus manos, de ti depende elegir el camino de la felicidad y dejar de ponerte metas lejanas.

¡¡¡¡ VIVE EL AHORA Y DISFRUTA !!!!

TE HA PASADO ALGUNA VEZ
QUE ESTÁS BUSCANDO LAS LLAVES
PERO NO LAS ENCUENTRAS
PORQUE LAS TIENES EN TUS MANOS ?
PUES ALGO SIMILAR
OCURRE CON LA FELICIDAD.

Cuando tu compresión dicta tu razón y tu corazón.

Cambia tu actitud hacia la vida, sal del victimismo y ¡"transforma tu futuro"!, la baja autoestima y la auto-compasión son uno de los mayores obstáculos de tu vida, te harán sufrir y te impedirán luchar por tus sue-ños, por tus metas y siempre buscarás un culpable, cuando el único culpable serás tú.

"La lástima por uno mismo, es uno de los narcóticos no farma-ceuticos más destructivos. Es adictiva, da placer sólo al momento y separa a la víctima de la realidad".

-John W. Gardner-

-Cómo dejar de ser Víctima.

La actitudes marcan la diferencia entre un buen día y un mal día, pero nadie nos explica qué es eso de la actitud o como creer en nosotros mismos, realmente nadie te puede explicar, ni nadie te puede enseñar que es, porque la actitud está dentro de ti, está en tu mente, solo tú puedes decidir si quieres tener un buen día o un mal día.

Adoptar el papel de víctima es uno de los compartimientos que adoptamos para manejar nuestra ira y nuestro enfado hacia los demás o hacia nosotros mismos. Pero es posible adoptar ciertas medidas para dejar de ser víctimas de nosotros mismos.

- *FRIALDAD Y SIMPATÍA* -

La frialdad emocional es un gran obstáculo para las relaciones. La incapacidad para conectar con los sentimientos, tanto propios como ajenos, es un gran impedimento para la creación de vínculos sólidos, sanos y duraderos. Esta dificultad, es el gran reto de las personas emocionalmente inaccesibles, esas que construyen muros alrededor de su corazón, son expertos en crear distancias para evitar el contacto con los demás. La frialdad emocional es un mecanismo de defensa, para protegerse de las heridas del pasado.

¿Cómo acortar las distancias frías?

-Expresa tus sentimientos y necesidades, no se trata de culpar, si no de expresar lo que sientes para encontrar una solución.

-Establece límites y toma decisiones, no esperes que la otra persona te lea la mente, expresa claramente lo que quieres y explica lo que quieres de la relación.

NO SOY FRIO, SOLO APRENDÍ, A UTILIZAR MENOS MIS EMOCIONES

Tú puedes desarrollar la simpatía como cualquier otra habilidad, eso sí, con motivación y entrenamiento.

-Cuida tu lenguaje no verbal, regala una sonrisa cálida y relajada. Sé honesto y se tú mismo, la autenticidad, es esa capacidad de mostrarse uno tal cual es. Debes tomar conciencia y convertirte en ese cambio de actitud y enfoque que quieres para tu vida.

- GUERRA Y PAZ -

La guerra interna surge cuando lo que quieres difiere de lo que haces, esto sería un conflicto interno entre dos partes de ti al querer cosas diferentes.

Cada una de ellas se comunica contigo a modo de vocecita en tu mente, eso produce en ti inseguridad y confusión sin saber a quién escuchar.

Una es esa parte de ti más lógica y protectora, y la otra más arriesgada y aventurera. Son como el Ángel de la guarda y el buscador de oportunidades.

¿Qué hace tan difícil decidir?

Muchas veces sabes lo que quieres hacer y sin embargo, no quieres comprometerte a cumplirlo.

No tomar la decisión, es la fuente de tu dolor.

Cuando consigues integrar y reconciliar estas dos partes internas, que se encuentran en conflicto, llegas a alcanzar un estado de paz, equilibrio y alivio, que te permite afrontar la vida y perseguir tus sueños con más valentía, claridad y determinación. Tener paz interior, implica tener armonía y bienestar emocional, sentirte satisfecho contigo mismo. Alcanzar la paz interior, es un proceso que exige estar dispuesto a descubrir quién eres en realidad y darte cuenta, de que solo tú eres capaz de controlar tus respuestas y reacciones emocionales.

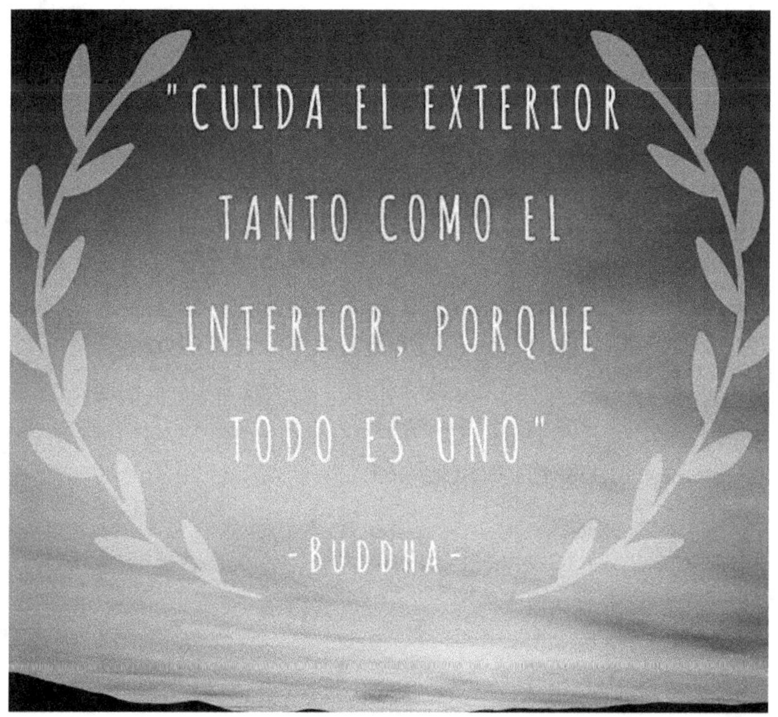

- SEPARACIÓN Y UNIDAD -

Es la mente-ego quien te hace creer que estás separado de los demás, de la **Tierra**, del **Universo**, y esta idea te lleva a sentir miedo, a querer competir con otros para lograr éxito, te mantiene en una conciencia de escasez y te lleva a buscar siempre la seguridad en todas las áreas de tu vida.

No existe separación entre personas, animales, planetas o galaxias. Todos formamos parte de una única **Unidad**.

La ley de unidad es fundamental, pero tiendes a olvidarla muy fácilmente. Todos formamos parte de una gran familia, un conjunto de Almas encarnadas en distintos cuerpos, que buscan crecer, adaptarse, evolucionar y por supuesto, ser felices.

Llevar a la práctica la Unidad con todo, es muy sencillo, todo se resume a simples dichos como:

-Haz el bien y no mires a quien. -No hagas a los demás, aquello que no quieres que te hagan a ti. -Trata al prójimo tal y como quieres ser tratado tú.

Imagina el enorme impacto que tendría a nivel mundial, en tu vida y en tu día a día, aplicar estas leyes tan básicas.

YO SOY TU....
TU ERES YO....

Y TODOS SOMOS UNO!!!

- RESENTIMIENTO Y PERDÓN -

El resentimiento te desgasta poco a poco, penetra en el interior de tu ser y lo envenena, impidiendo el recibimiento de ayuda, esperanza y buena voluntad.

El resentimiento vive sin darse cuenta en un pasado que ya no existe, mata el gusto de vivir, la comprensión y generosidad.

Si no practicas el perdón, podrías ser tu quien termine pagando el precio más alto.

Al perdonar tendrás paz, esperanza, gratitud y felicidad en tu vida. Piensa como el perdón, te puede conducir al bienestar físico, emocional y espiritual. El perdón, puede provocar en ti, sentimientos de comprensión, empatía y compasión por la persona que te lastimó. El perdón te aporta un tipo de paz, que te ayuda a seguir con tu vida.

Tendrás relaciones más saludables, mejorarás en salud mental, tendrás menos ansiedad y estrés, menos presión arterial, menos síntomas de depresión, sistema inmunitario más fuerte, mejor salud del corazón, mayor autoestima…

El perdón puede anular, el poder que la otra persona tiene sobre tu vida.

El perdón, es una decisión muy sabia…
No es olvidar…
Es poner en libertad
A un prisionero y
Ese prisionero eres tú mismo…
Es romper las cadenas de ira,
Odio y rencor que
Habitan en el fondo
De tu corazón…
Y que te impiden
Vivir en paz y ser feliz…
El perdón…
Es recordar sin dolor…!!!

- FALSO SER Y VERDADERO SER -

En una parte de tu vida, se encuentra la conciencia.

La conciencia, es la voz del **Universo** que te hace sentir si lo que haces es correcto o incorrecto, si es que no te has vuelto sordo a ella.

La conciencia es la esencia de todo lo que existe.

El primer paso a la conciencia, es prestarle mucha atención a tu cuerpo. Poco a poco, uno se va poniendo en estado de alerta ante cada gesto y cada movimiento.

A medida que te vas haciendo consciente, empieza a ocurrir un milagro: dejas de hacer muchas cosas que antes hacias.

Tu cuerpo se encuentra más relajado, está más entonado, una profunda paz empieza a prevalecer en tu cuerpo, una energía profunda vibra en tu interior.

Empiezas a hacerte consciente de cada pensamiento, cada vez más, y te sorprenderás de lo que ocurre en tu interior. Seguirás siendo consciente de tus emociones y estados de ánimo, de la mente al corazón, sin juzgar, sólo observando, verás que a partir de ese momento nada te poseerá, nada te molestará, ya no serás un esclavo de tus emociones y pensamientos.

El próximo paso, sucede por si solo, como una recompensa del **Universo**, del corazón al **Ser** (conciencia) al centro mismo de tu existencia.

¿SABES QUÉ OCURRE CUANDO SE DESPIERTA TU CONCIENCIA?

Ves el amor de manera diferente,

te enamoras del **Alma** de la gente;

Sientes la unidad, respiras paz y tranquilidad,

aprecias más tu vida, y te vuelves protagonista de ella, y lo más importante:

te maravillas a cada minuto, de la **magia** de la existencia, y del milagro de estar vivo.

3.

¡¡¡ DESPIERTA !!!

El despertar de la conciencia no es un concepto que se pueda entender intelectualmente, es más bien un viaje experimental hacia la esencia de tu **Ser**, que te permite descubrir quién y qué eres realmente.

Despertar es… como dejar de sobrevivir para empezar a vivir.

Despertar es un proceso de transformación interior en el que empiezas a tomar conciencia de ti mismo.

Es abrir los ojos a la realidad que siempre ha estado ahí, pero nunca has podido ver por las distorsiones de tu mente.

Es dejar de ser esclavo de tu mente y empezar a escuchar los mensajes de tu **Alma,** para convertirte en dueño de tu vida.

Es volver a tu esencia y descubrir quién eres realmente, más allá de todas esas etiquetas con las que te has identificado.

Es un camino de evolución personal y continuo hacia tu verdadera identidad, que solo puedes recorrer tú, nadie más lo puede hacer por ti.

Es un proceso de aprendizaje, de soltar, de confiar en la vida, para que pueda expresarse a través de ti la verdad.

Despertar es vivir en el presente, salir de la ilusión mental del pasado y del futuro, para entregarte a la experiencia de la vida, aquí y ahora.

Es dejar de resistirse a la vida, para empezar a fluir con ella.

Es reconocer que la vida no te sucede a ti, si no, que sucede para ti, para que crezcas, aprendas y evoluciones.

Es dejar de verte a ti mismo como una víctima, para convertirte en dueño y creador de tu vida.

Ahí reside tu poder, tu responsabilidad y tu libertad.

Es ser auténtico, ser quien realmente eres y dejar de hacer un papel influenciado por lo que te ha inculcado la sociedad, tu ámbito familiar o tus creencias limitantes.

Despertar es reconocer un potencial infinito que hay en ti, más allá de las limitaciones de tu mente.

Es reconocer tu esencia espiritual más allá de tu experiencia humana.

Es dejar de pasar todo por el filtro de la mente, para entregarte a la intuición que te guía en el momento presente.

Es dejar el miedo y la seguridad de la mente, para empezar a actuar a través del amor y la necesidad del progreso del Alma.

Despertar es confiar en la vida y reconocer que hay una inteligencia superior (llámala Dios, Universo o energía) que te guía y te protege.

Si quieres vivir la vida libre, plena y llena de sentido que mereces, debes cumplir un requisito, debes despertar tu conciencia.

NO CAMBIÉ…SOLO DESPERTÉ

SOLO SE DESPERTÓ MI CONCIENCIA DORMIDA
Y DEJÉ DE SEGUIR AL REBAÑO,
PARA EMPEZAR A BUSCAR EN MI INTERIOR,
MI AUTÉNTICA VERDAD.

4.

-APEGO Y CONEXIÓN-

El apego tiene que ver con el miedo, la conexión con el amor.

La línea entre el amor y el apego es muy delgada, y a veces no ves con claridad lo que sucede.

-El amor es desinteresado; el apego es egoísta.

Cuando amas, el otro se convierte en la persona más importante de tu vida y siempre procuras su bienestar.

Cuando se trata de un apego, la razón por la que estás con alguien, obedece más a la necesidad de no estar solo.

-El apego es tóxico; el amor es aceptación.

Estar apegado a alguien, es necesitarlo, es sentir bienestar si estás en su compañía y sentir que no puedes vivir, si no es a su lado.

Cuando hay amor, cada uno se siente en completa libertad de ser quien es, y es feliz por su propia cuenta.

-El amor es confianza; el apego es ansiedad.

Cuando hay apego, siempre sientes el miedo de que la pareja se vaya y te abandone, tienes una sensación de ansiedad al pensar en el futuro. Cuando amas, aceptas el hecho de que pasa simplemente lo que tiene que pasar, y no temes a lo que el futuro tenga para ti.

-El apego controla; el amor libera.

El apego es un tanto manipulador y controla querer controlar al otro, su comportamiento, sus amistades, su conducta y hasta sus planes de futuro. Cuando se trata de amor real, las parejas se aceptan, y animan al otro a crecer y evolucionar.

-El amor es pasión; el apego es apatía.

El amor es el sentimiento con más energía que pueda existir, y parte de esa energía se manifiesta en la pasión que está presente en una relación verdadera. Cuando existe un apego, no hay sentimientos apasionados, sino ansiedad, paranoia o irritación.

-El amor es mutuo crecimiento; el apego es un lastre.

Cuando hay amor la pareja crece a la par y trabaja en equipo para ser la mejor versión de sí mismos. En el apego, hay una fuerte necesidad de control, lo que puede causar una dependencia innecesaria sobre la pareja, y convertir a cada uno en una pesada carga para el otro.

-El amor empodera; el apego busca el poder.

El amor nos hace pensar que no hay nada imposible cuando estamos con el ser amado. Da una fuerza y un sentimiento de libertad desconocidos hasta éste momento, nos hace sentir que estamos listos para conquistar el mundo. Cuando es más fuerte el apego, la relación se convierte en una lucha interminable de poder, en el que ninguno desea quedarse atrás o sentirse en desventaja.

-El amor es eterno; el apego caduca.

Cuando se ama, experimentan una gran relación, esa persona se convierte en el amor de tu vida. Cuando se trata de apego, el cariño tiene fecha de caducidad.

-El amor no es fácil; el apego sí.

El apego siempre será fácil por la simple y sencilla razón de que no es amor real, sino una serie de pequeñas inseguridades y expectativas depositadas en la pareja. Cuando se ama completamente, hay un compromiso, la relación no se desarrolla de una forma fácil, siempre hay desacuerdos, lágrimas, momentos duros, pero al final siempre hay una aceptación, porque sientes que el amor está ahí para siempre. Es una conexión especial con esa persona y una comprensión que no experimentas con nadie más.

¿Amas a esa persona o estás experimentando apego?

Es importante hacer una distinción entre ellas, antes de embarcarte en una nueva aventura amorosa.

*APRENDE LA DIFERENCIA
ENTRE LA CONEXIÓN Y EL APEGO,
UNA, TE DA LA ENERGÍA,
LA OTRA TE LA ROBA.*

5.

-LIBÉRATE Y SUELTA-

Libérate de todo aquello que te bloquea, libérate de las personas tóxicas, libérate de las malas influencias, libérate de todo aquello que ahora mismo te hace infeliz.

Porque tienes derecho de liberarte de todo esto, y sobre todo, tienes el derecho de ser una persona completamente feliz. En ocasiones, te sientes sobrepasado por las circunstancias, el rechazo te duele, la dependencia te hace daño… incluso llegas a sentirte esclavo de los demás. Tu autoestima no se encuentra en tu punto más álgido, pero todo eso tiene su solución.

Libérate y sé feliz. No hay nada más hermoso que invertir tu vida en metas y sueños. No mires hacia atrás, no te detengas, no pierdas tiempo.

Libérate del dolor, de las emociones tóxicas. Después perdónate y perdona, y una vez que lo hagas, recuerda que, para el que cree, todo es posible.

Libérate y sigue el camino correcto.

Ahora es el momento de empezar a liberarse de todo aquello que te detiene, para alcanzar tus metas, de todo lo que te limita para volver a encontrar el amor.

¿De qué debes realmente liberarte?

- Libérate de los sentimientos que te hagan sentir poco valorado.

- Libérate de la depresión que te ahoga y no te permite expresar lo que sientes.

- Libérate del perfeccionismo y de los miedos que te bloquean.

- Libérate de lo material, de los recuerdos tristes y de las creencias erróneas.

- Libérate de todas aquellas personas de las que te has vuelto dependiente.

- Libérate del miedo a perder, del rencor y de la envidia.

- Libérate hasta de los momentos de éxito, porque los mejores aún están por venir.

Hay muchos sentimientos y emociones de los que nos debemos liberar, ¡incluso de personas!

Si logras liberarte de todo lo anterior, podrás ser feliz y vivir una vida plena, llena de paz y armonía.

Libérate para que puedas vivir tu vida como realmente la quieres y no como los demás te la dictan.

Una de las cosas más difíciles es soltar, pero es preciso soltar. Cuando las cosas se vuelven repetitivas, cuando pasa siempre lo mismo, cuando la persona te hace daño o no te hace feliz, es momento de soltar.

Es importante soltar lo que atas, lo que retienes, porque si lo haces, es porque no tiene que estar allí. Cuando algo debe de suceder, fluye, en forma natural y armoniosa. Así estarás permitiendo que la energía fluya y permitiendo encontrarte con lo que debes encontrarte.

DEJAR IR....

ES DEJAR SER...

Todos tenemos un plan de vida, personas hermosas por conocer y cosas grandiosas por suceder. Si tú te abres a la experiencia y comienzas a vibrar en lo positivo y fluyendo, verás cómo lo hermoso vendrá a ti.

-¿Cómo soltar?

Simplemente dejando ser, no insistiendo. Si la persona o circunstancia se va, es porque no está destinada para ti. Pero en cambio, si sueltas y sigue en tu camino, es porque necesita ser transformada para que se vuelva más armoniosa y puedan vibrar en armonía. Cuando todo se equilibra, todo viene, de una forma perfecta.

La aceptación es parte de fluir, de aprender a ser feliz, convirtiéndote en una persona amorosa, respetando la voluntad de las demás personas y aceptando con amor las circunstancias.

Aprende de tus errores, todo tiene un propósito, lo negativo es para aprender y liberar. Te invito a liberarte de lo negativo y transformarte en el **Ser** especial que eres.

Hoy emprende un nuevo camino a la liberación, dejando atrás lo que no te sirve, soltando lo que no te haga crecer.

SUELTA LO QUE NO TE PERTENECE…
Y LIBÉRATE!!!

6.

-LA TRANSFORMACIÓN-

Todo cambio conlleva una transformación y un posterior aprendizaje.

La verdad es que todo cambio, toda transformación depende de cada uno de nosotros. Con quejas y lamentos no lograrás focalizar y centrar la energía para transcender y liberarte de las energías densas y negativas que te rodean.

Ya es hora de que asumas la responsabilidad de tus actos y de tu vida. Es hora de que dejes de culpar al de al lado por tu angustia. Es hora de dejar de ser víctima.

Te pregunto; ¿Qué estás haciendo hoy desde tus dones y herramientas personales, para elevar tu energía de luz y amor y aportar algo a esta transformación que estás viviendo, no solo en tu ciudad, si no en el planeta?

¿Utilizas tu energía para crear y aportar algo positivo?

Es el momento de tomar conciencia del para qué estas aquí, para qué vives, cual es tu misión, en qué puedes ayudar, qué puedes aportar para ti, para tu familia, para tu pais, incluso tu planeta.

Es tiempo de comprender que somos un cuerpo físico, pero también una mente, unas emociones y un Alma, la que da el aliento de vida, sin ella no seríamos nada.

Es hora de que cultives tu Ser y pongas atención, porque el cuerpo físico un dia dejará de estar y será tu Alma la que se elevará.

Independientemente de tus creencias, todos somos parte de la Unidad y estamos conectados, así que lo que haces o dejas de hacer, beneficia o perjudica a tu entorno.

Comienza a ser un poco más proactivo y menos reactivo, comienza a buscar soluciones y no problemas, porque tu vida y tus metas dependen de ti, de nadie más.

El cambio de tus actitudes, pensamientos, sentimientos, el cambio de tu país depende de ti, de tu fé, de tu coraje, de tu valentia, de tu voluntad, de tu fuerza, de tu serenidad, de tus ganas, de tu confianza, de tu seguridad y de tus acciones para lograrlo.

Deja de esperar a que, el de al lado, te resuelva la vida y busca en tu interior, porque allí está la respuesta y el inicio de la transformación.

¿Qué puedes hacer para transformar tu vida?

-Autoconocimiento y autoconciencia.

El primer paso para transformar tu vida, es conocerte a ti mismo. El autoconocimiento significa, evaluar el propio sistema de valores y creencias, detectar los puntos fuertes y débiles, y ser consciente de las propias motivaciones y deseos.

Tómate un tiempo para averiguar qué es lo más importante para ti, qué es lo que quieres lograr en tu vida, qué te hace feliz, cuales son tus sueños o en qué momento de tu vida te encuentras, es el inicio de tu transformación y tu desarrollo personal.

Esto te ayudará a tener una perspectiva más realista de quién eres y dónde quieres ir.

-Desafia tus creencias limitantes y sal de tu zona de confort.

La zona de confort es un estado mental, que no te permite el crecimiento personal, y es un hábito que te puede perjudicar para lograr vivir tu vida satisfactoriamente.

Cuando decides dar un paso al frente y cambiar tu vida, algo te impide avanzar y la ansiedad te mantiene anclado a esa situación que te resulta cómoda, esto supone un gran coste emocional y un impedimento para seguir con tu transformación hacia un mayor bienestar.

Salir de la zona de confort, es no temer a la incertidumbre y confiar en las posibilidades de uno mismo. Pero esto no siempre es fácil.

Para seguir creciendo, es necesario superar el miedo al fracaso y las creencias limitantes que te impiden desarrollarte.

-Estáte abierto al cambio.

Salir de la zona de confort, requiere cambiar las creencias limitantes por creencias potenciadoras.

Estar abierto al cambio y tener voluntad para llevarlo a cabo, es un requisito indispensable para poner en marcha cualquier transformación.

-Ten un plan de acción.

El autoconocimiento, ayuda a definir los objetivos de manera realista y permite establecer prioridades.

Pero para lograr tus objetivos, es necesario que planifiques los movimientos y definas la manera de alcanzar tus metas.

Cuando sepas qué es importante para tu felicidad y tu bienestar, debes establecer metas a corto, medio y largo plazo, para poder pasar a la acción.

De nada sirve querer transformarse, si no haces nada para cambiar. Lo importante es ir paso a paso para lograr la transformación.

-Responsabilízate y abandona el victivismo.

Es más fácil hacerse la víctima y esperar a que las cosas sean de otra manera.

Sin embargo, la responsabilidad es esencial en cualquier proceso de cambio. Tiene que ver con el empoderamiento, el autoliderazgo, en cómo respondes a los sucesos que ocurren a tu alrededor, y es vital para la transformación de tu vida.

Responsabilizarte frente al cambio, es una de las claves de crecimiento personal.

7.

-SAL DE TU ZONA DE CONFORT-

Nuestra zona de confort, nos da abrigo y nos hace sentir seguros. Abarca todo aquello que conocemos, esos ambientes de los que nos sentimos parte y en donde estamos muy agusto. Pero eso mismo que nos protege, puede causarnos daño.

Acomodarse, significa estancarse, no buscar nuevos retos. Por eso, es importante ser valiente, olvidarse del miedo a lo desconocido y salir de esa zona de confort, para buscar nuevas emociones, nuevos aprendizajes.

¿Por qué salir de tu zona de confort?

Seguramente piensas, que si estás tan agusto en tu zona de confort, no tiene mucho sentido salir de ella.

Sin embargo, cuando sales de ahí, te permites eliminar barreras, conocer nuevas personas y vivir nuevas experiencias.

También tomarás conciencia de tus retos, miedos y de tu lado oscuro.

Sabrás que estás saliendo de tu zona, cuando las ideas de cambio te hagan sentir estrés, ansiedad por si lo lograrás o no, pongas excusas para no hacer lo necesario. Es lógico que tengas miedo, el primer paso siempre es el más dificil.

Cuando veas lo que hay más allá de tu zona de confort, seguirás caminando.

Cuando inicies la salida de tu zona de confort, comenzarán a revelarse todas tus barreras internas y externas. Lo que debes hacer, es pensar en cómo vencerlas, acepta que no eres tan perfecto como quisieras, pero que puedes llegar a donde desees.

Cuando decidas salir de tu zona, te encontrarás con aspectos que no podrás manejar o controlar, aprende a aceptar la situación que se te presente.

Imagina lo que quieres y trabaja en ello, cada pequeña acción que lleves a cabo, te ayudará a ampliar tu perspectiva y a tener una vida más rica en emociones y conocimientos. Podrás crecer y evolucionar a una mejor versión de ti mismo. Te sentirás más vivo y cada vez mejor, si rompes esos obstáculos que por miedo te limitaban. Siente el placer cuando empieces a luchar más por tus sueños y a dar cada vez pasos más grandes.

¿Y SI DEJAS DE PENSARLO TANTO Y SIMPLEMENTE LO INTENTAS?

8.

-EMPODÉRATE-

Cuando hablamos de empoderarnos, implica también, conectarnos con el Universo o en la energía que tú creas, con la naturaleza, las personas que nos rodean y finalmente contigo mismo, con tu Ser interior.

Ese Ser interior que te da fuerza, autonomía, confianza en ti mismo, te permite florecer, tener esperanza, armonía en nuestro Ser, paz y amor hacia ti mismo, lo cual te impulsa a empoderarte hacia la vida.

Empoderarte, también significa tener esperanza en que hay un hoy y debes aprovecharlo, crearlo, darle un nuevo significado, llenarlo de alegría para poder vivirlo mejor, debes compartirlo con los que te rodean, hacerlos partícipes de tu nueva vida.

Empoderarte significa la alegría de vivir desde tu interior, lleno de amor.

En este proceso, es necesario que perdones y aceptes las diferencias con los demás, seas más tolerante, pues todos nos equivocamos, tener amor incondicional hacia las personas y hacia lo que te rodea, eso es lo que verdaderamente te va a permitir vibrar más alto, con el poder de que sí puedes mejorar y salir adelante con más fuerza.

El empoderamiento, son todas esas herramientas de las que dispones y te capacitan, para llevar a cabo un cambio en tu vida.

Te conviertes en una persona más fuerte, capaz de transformar las decisiones, en resultados que deseas.

Es hora de pensar que tener sueños y alcanzarlos no es sólo para otros, también están a tu alcance.

TODO EMPIEZA POR CREER EN TI

9.

-TEN FÉ-

La fe, es creer que el Universo está de nuestro lado y que sabe lo que está haciendo.

La fe, es una conciencia psicológica de que existe una fuerza que trabaja constantemente por nuestro bien.

Sin fe, estamos perdiendo el tiempo.

Tener fe, es un sentimiento que procede del corazón, tener miedo procede de la mente.

La fe, te permite que te levantes una y otra vez cuando te caes.

La fe, es creer que vas a poder salir del agujero que te encuentras ahora. Y querer es poder.

Creer, es tener confianza en uno mismo y a su vez en el Universo.

Todo esto, requiere un trabajo interno de cambio mental, de creer que puedes.

Nunca dejes que nadie te diga que no puedes hacer algo, si tienes un sueño, tienes que protegerlo.

Las personas que no son capaces de hacer algo, te dirán que tú tampoco puedes, si quieres algo, ve a por ello y punto.

Si estás aprendiendo a volver a tener fe, debes alejarte de las personas que no la tienen, y te están diciendo que no vas a poder.

Ten fe en el proceso de la vida, nada pasa por casualidad, de ti depende entregar tu poder personal a otro, continua con tu vida, si esa persona no cambia, tú sí, porque cada vez tienes más fe en la vida y en ti.

No te puedes parar por nadie, siempre hay que despedirse con amor, a pesar de que la persona no te entienda en esos momentos.

Tener fe es muy fácil, haz el experimento, pide ayuda al Universo, siempre que pides ayuda la obtienes, para ello, es necesario que creas con todo tu corazón, que esa ayuda te va a llegar.

No hay nada como experimentarlo, por mucho que leas, o por mucho que te cuente, solamente tú puedes comprobarlo por ti mismo.

*PIDE, HAZ TU PARTE,
ESPERA, SIENTE, CONFÍA…
Y ALGO GRANDE SUCEDERÁ*

10.

-RENACER-

Todos atravesamos por altibajos a lo largo de nuestra vida, algunos momentos deseamos que duren para siempre y otros que pasen lo antes posible. Tener una experiencia desagradable, puede afectarte de distintas formas, sin embargo, el modo en el qué la sobrelleves y continúes con tu vida, solamente depende de ti.

Sobreponerte a ella no es fácil, pero si lo haces, serás como el Ave Fénix, y poco a poco, renacerás para darte cuenta de que eres más fuerte de lo que pensabas.

Al igual que ésta majestuosa ave era capaz de levantarse de las cenizas y renacer, los seres humanos también podemos.

Eres más fuerte de lo que piensas y puedes seguir adelante con tu vida, superando cualquier obstáculo que se te presente. Tu mayor desafío no está en la circunstancia en sí, si no, en la forma en la que sales de ella, tu capacidad de superación, atravesar esa "muerte" o transformación y renacer como el Ave Fénix, de manera majestuosa, para así continuar con la maravillosa vida que te espera.

Como ser humano, debes extender tus alas y valorar a tu interior encontrándote a ti mismo.

Conectar con tu autoestima, motivación, dignidad y luchar cada dia contra lo que sea que se interponga entre tú y tu felicidad.

Todas estas características, serán de gran ayuda para tu renacimiento personal, pero debes de tener en cuenta que, muchos aspectos de tu vida serán transformados como parte del proceso, reduciéndolos a cenizas, convirtiéndolos en parte de tu pasado y será exactamente esto, lo que te ayudará a renacer como el Ave Fénix.

Esas cenizas no se las llevará el viento, al contrario, formarán parte de nosotros mismos para dar forma a un ser que renace mucho más fuerte, más grande, más sabio… alguien que tal vez sirva de inspiración a los demás, pero que ante todo, nos permitirá seguir adelante con el rostro bien alto y las alas bien abiertas.

Renacer como él, es la mejor forma de superar cualquier circunstancia y superarte a ti mismo.

*Algunas veces, deberás morir
un poco para renacer,
Y levantarte de nuevo, en una
versión más fuerte.*

11.

-¿CUAL ES TU PROPÓSITO?-

Todos los humanos sabemos nuestro propósito de vida, simplemente lo tenemos que recordar.

La mayoría de personas, confundidas por la educación que recibimos, la sociedad, las amistades y nuestra familia, hace que olvidemos esta verdad.

Si tú dejas a un niño que exprese su verdadera naturaleza y crezca en la vida a través de su experimentación, lo que va a ocurrir, es que se va a auto descubrir de manera natural y no se sentirá perdido.

El propósito de vida de un ser humano, es ser un ser humano expresando sus dones y talentos.

Para esto, no hay que hacer ningún esfuerzo, expresar tus dones y talentos te supone tal gozo, que le dedicarías años de tu vida.

Cuando estabas en tu esencia, ésta se mostraba tal cual es y de manera natural, sin embargo, la sociedad se encargó de decirte;

- lo que tenía salida…

- lo que te ayudaría a tener una vida digna…

- lo que era correcto para ti…

Y ahí es cuando te perdiste.

Estás condicionado por tantos años y años, que te hacen pensar que no tienes ningún talento.

Acuérdate de esto;

TODO EN ESTA VIDA TIENE UN PROPÓSITO

¿Qué te hace pensar que tu no ibas a tener un propósito?

Para encontrar tu propósito, deja que se manifiesten las noches oscuras, son esos momentos de tu vida en que todo sale mal, te sientes desconectado y pasas por depresiones y crisis. Acepta esos momentos y deja que se expresen, lo que resistes te somete.

-Recurre al silencio y la soledad.

Vivimos en una sociedad con distracciones constantes y que nos silencian nuestra voz interna.

Vivimos condicionados por ideas y paradigmas que nos hacen reaccionar en automático, esto nos hace actuar de manera impulsiva y creer sin cuestionar nada.

Necesitas volver a tu interior, volver a ti mismo y desde ahí, escuchar.

Tomate unos minutitos de silencio al día, para descubrir respuestas que desconocías que tenías.

Silencio.

-Pasa el tiempo con personas que iluminan tu mente.

Has de intentar pasar tiempo con personas que conectas por resonancia. Por otra parte, muestra amor al que no lo merece, porque son espejos que te van ayudar a darte cuenta de cosas, a entender quién eres y cuál es tu propósito de vida.

-Salte de la línea.

Te enseñaron a vivir de una manera, pero se olvidaron de todas las demás que existen.

Te dijeron;

-cómo vestirte…

-cómo comportarte…

-qué experiencias tener…

-en qué deberías trabajar…etc.

Cuando naciste eras un ser libre, pero te cortaron las alas cuando te dijeron que tenían un camino preparado para ti.

Manda al carajo esas estructuras. No es un acto de rebeldía, es simplemente un acto de experimentar las diferentes opciones, para darle un subidón a tu mente y a tu Ser, para que encuentres la verdad.

Toma el control de tu vida, conviértete en el dueño de tu destino, se fiel a tu verdad, y permítete soñar tus propios sueños. Cuando sabes hacia dónde vas, cada momento es una oportunidad que te puede acercar a tu sueño.

Concéntrate en tu propósito, y procura que sea algo que ayude a mejorar la vida de los demás.

Así no solo le darás sentido a tu vida, si no, a la vida de los demás también.

Nunca lo olvides; el propósito de la vida, es darle vida al propósito!!!

Cuando descubras tu misión, por fin, experimentarás la felicidad profunda de vivir una vida inspirada.

Dale vida a esa chispa, a tu genialidad y a tu pasión.

Crea una profesión que te encante y enséñale al mundo tus dones.

Escucha y revoluciona tu mente y tu poder!

La única forma de hacer un gran trabajo,
Es amar lo que haces.

-STEVE JOBS-

12.

-LAS SEÑALES DEL UNIVERSO-

El Universo siempre nos está hablando…enviándonos pequeños mensajes, causando coincidencias y extravagancias, recordándonos que nos detengamos, miremos alrededor y creamos en otra cosa, en algo más.

Las señales del Universo, son mensajes o revelaciones amorosas que la divina creación nos regala, bien sea para advertirnos o para responder a nuestras preguntas o peticiones.

Una señal, es un mensaje que tiene un significado especial para nosotros, se manifiesta de distintas formas, incluso cuando dormimos.

Hay muchas maneras de interpretar los mensajes que nos envía el universo, solo tienes que prestar un poco de atención a lo que te sucede diariamente. Debes de prestar atención a todo lo que escuches y leas, y analizar si tiene sintonía contigo. En el fondo de tu corazón, siempre sabes cuando algo es para ti, solo debes abrirte a desarrollar tu intuición y verás como empezarán a revelarse de forma mágica las señales que te envía el universo.

- INTUICIÓN -

Cuando el universo te envía señales, tu intuición esta más despierta. Debes confiar en ella y mirar hacia donde señala, porque es ahí donde está la verdadera señal.

Escucha atentamente tu voz interior si quieres descubrir y entender las señales.

Afirma cada día, que quieres estar en contacto con tu voz interior.

Confía en que tienes las respuestas y la habilidad de escucharlas, dedica un tiempo para escucharte, cultiva la intención y la práctica de la meditación, para conectar con tu sabiduría interior cada día.

Recuerda que la intuición, es un estado natural para todos. Reconoce que es tu derecho recibir, las respuestas a tus preguntas.

Sé paciente y perseverante, evita frustrarte si no logras conectarte con rapidez. Recuerda que activar la intuición o nuestra voz interior, nos hace ser conscientes y estar alerta de las voces del ego que nos atormentan, podemos identificarlas y separarnos de ellas, para que ya no tengan poder sobre nosotros.

CONFÍA EN TU INTUICIÓN, ES TU BRÚJULA INTERIOR,

Aun cuando parezca una locura,
Si la voz de tu alma
Te dice que lo hagas, ¡hazlo!

- *SUEÑOS* -

El sueño es un mensaje directo del universo.

Los sueños son bastante reveladores, se dice, que cuando estas durmiendo, experimentas la vida desde otra dimensión más elevada, más suprema y que desde ese estado, eres capaz de recibir información.

Es muy importante que hagas tus interpretaciones;

-Si te levantas en la madrugada por algún sueño, anótalo, porque en la mañana no lo recordarás.

-Antes de levantarte de la cama, trata de traer a tu cuerpo todo tipo de sensaciones y emociones.

-Luego, une imágenes del sueño con las sensaciones y emociones que experimentes.

-Identifica cuales de éstas sobresalen más que otras.

-Asocia imágenes y sensaciones, con situaciones y personas de tu vida presente.

-Identifica el tema principal (si es pelea, amor, abundancia, miedo, etc...)

-¿Cuál de todas estas imágenes te representa a ti?

-Siendo tú esa imagen, ¿Qué mensaje le quieres dar a esa persona?

-¿Qué otras ideas, temas, sensaciones, te llegan?

-Ata cabos, haz una historia y tendrás la interpretación de tu sueño.

Es muy importante, contestar a todas estas preguntas con lo primero que te venga a la mente sin pensarlo mucho.

La magia de todo esto, es no forzar a la mente a llegar a un resultado o interpretación.

Hay que desarrollar la confianza en nuestra interpretación, para mantener la esencia del sueño y su mensaje.

Todos tenemos sueños o deseos y eso es lo que nos motiva a seguir adelante. Todos tenemos la capacidad de soñar, por más pequeño que sea tu sueño es válido.

Muchos soñamos con tener una vida plena y feliz, tú eres el creador de tus sueños y deseos.

Utiliza tu imaginación para soñar lo que tú quieras, ya que es una herramienta muy poderosa.

NO PERMITAS

QUE

tus sueños sean sueños

VIVELOS

- *SINCRONICIDAD* -

Las sin cronicidades, son eventos que suceden cuando el universo está tratando de decirte algo.

Cuando tu conciencia interior cambia, suceden situaciones asombrosas. Durante este primer ciclo de conciencia, experimentarás "coincidencias", estos eventos te llevarán al camino de tu propia verdad, preste atención.

El universo siempre está dispuesto, esperando para mostrarte algo maravilloso.

Las sincronicidades traen información de luz, te guían con suavidad y te dirigen a lo que está en resonancia con tu propio crecimiento personal. Las sincronicidades susurran en tu alma una sugerencia para que puedas ver y esperar…esperar lo inesperado!!!

Este es un momento para escuchar con atención, los susurros de tu alma, son lecciones a veces muy sutiles.

Hay ocasiones en las que las sincronicidades no se pueden ignorar.

Alguien puede mencionar un tema de forma inesperada, justo en el momento correcto, incidencias, números, colores, letras, frases…el universo te está diciendo algo!!!

Es hora de mirar las sincronicidades y escuchar cuidadosamente a tu intuición.

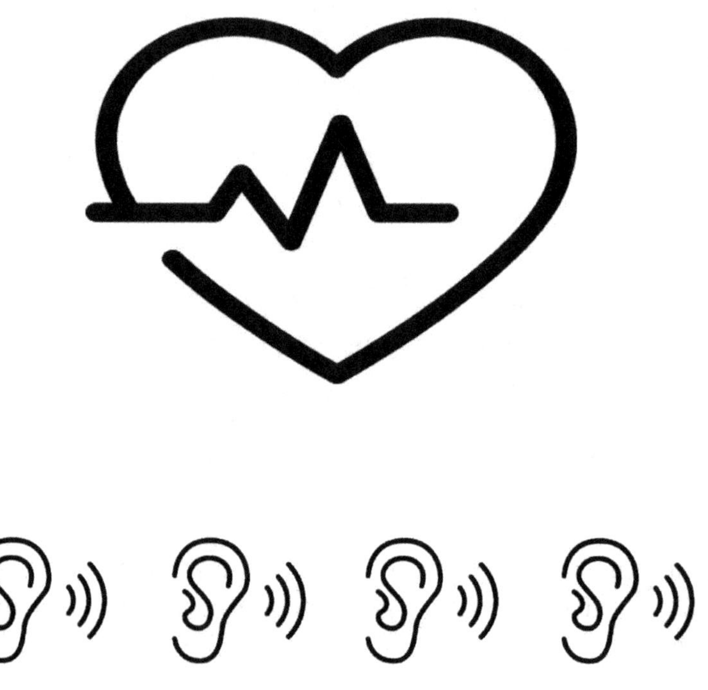

- NUMEROLOGÍA -

Los ángeles y los números están conectados, nos guían desde nuestros pensamientos y emociones, gracias a señales que nos llaman la atención. Estas señales son signos físicos que aparecen en los lugares donde nos encontramos, como por ejemplo, ver los mismos números varias veces repetidas en el mismo día.

En realidad, como los números nos rodean en nuestra vida cotidiana, es muy fácil para un ángel, ponerse en contacto contigo a través de ellos.

Una vez que empieces a darte cuenta de estas señales enviadas por los ángeles, experimentarás una gran satisfacción, esta conexión a través de la numerología, te ayudará a ver la vida más optimista y positiva.

Es posible interpretar estos números angélicos, que te permitirán entender cómo y por qué el ángel se dirige hacia ti y que espera que hagas.

Si ves un número en particular repetido muchas veces, o en combinaciones idénticas, esto es lo que el universo te está tratando de decir;

-1- OPORTUNIDAD.

Si ves el número 1 repetido muchas veces, debes enfocarte especialmente en tus pensamientos positivos.

Intenta pensar todo el tiempo en lo que quieres, y nunca en lo que no quieres. Pues este número, te está indicando, que hay un portal de oportunidad abierto y que tus pensamientos pueden manifestarse físicamente.

Especialmente el 11:11 es un número brillante, significa que el universo ha tomado una instantánea de tus pensamientos y los está manifestando en lo físico.

Es un signo de enorme poder, tanto mental como físico.

Así que cuida tus pensamientos más que nunca.

Se asocia con la luz, el despertar y la percepción intuitiva.

-2- MANTENTE POSITIVO.

El número 2 viene a tranquilizarte. Es una señal de aquello, por lo que tanto hemos pensado y trabajado está a punto de convertirse en realidad. Mantén los pensamientos positivos, sigue visualizando lo que deseas y trabajando para ello. ¡Está a punto de cumplirse!

El número maestro 22 se considera el número más poderoso de todos. Tiene que ver con la construcción de un legado, ideales espirituales y servicio desinteresado.

Las personas nacidas bajo este número son líderes idealistas con una enorme capacidad de manifestación en los ámbitos prácticos.

-3- ¡¡SI!!

Cuando ves números como el 33, el 333, etc. Es porque los Maestros Ascendidos están cerca de ti. Algunos de los más conocidos como Jesús, quieren hacerte saber que están cerca de ti y tienes su compañía.

Este número es una demostración de que están de acuerdo contigo, te están diciendo ¡si! a lo que estas preguntando.

Es el número con la mayor cantidad de poder de influencia. Brinda una guía espiritual más elevada al mundo y apunta nada menos que a la expansión de la conciencia y la iluminación.

Deje que el amor incondicional sea su guía.

-4- ¡¡NO!!

El 4, 44, 444, etc. es una negativa angélica, es decir, los ángeles que te rodean y te cuidan, te están desaconsejando respecto a las ideas que tienes en este momento.

Mundo material, conexión a la tierra, construcción práctica a través del trabajo duro y la perseverancia, centrarse en la tarea en cuestión.

-5- CAMBIO.

La repetición del número 5, indica que un cambio está cerca. Recuerda que para el universo, los cambios no son ni positivos ni negativos, simplemente son naturales.

En cualquier caso, se trata de una señal de aviso, algo se ha terminado en tu vida, pero algo nuevo está por venir.

Cambio en la conciencia, aprendizaje superior, evolución y manifestación instantánea.

-6- BALANCEA TUS PENSAMIENTOS.

El número 6 indica, que debes poner en orden tus pensamientos. Necesitas encontrar un balance entre el cielo y la tierra.

Amar con compasión, perdón, rendir emociones inferiores y elevarse a una expresión superior de amor.

-7- FELICITACIONES!!!

El 7 es un número divino, y por lo tanto su presencia augura cosas positivas. Básicamente es una felicitación celestial, ¡sigue adelante que lo estás haciendo genial!

Debes estar muy atento cuando este número aparezca en tu vida, puede ser una señal de que bellos milagros están por ocurrir.

Es una visión espiritual más profunda, el camino del liderazgo místico, espiritual, la verdad y la purificación del ego.

-8- PREPÁRATE.

Cuando el 8 aparece repetido en tu vida, implica que una fase está a punto de terminar. Indica que debes estar preparado, pues algo está por ocurrir. Puede que esté por concluir una relación, un trabajo… pero también es señal de esperanza de que algo bello venga después de ese cierre.

Es el número poderoso y significativo en la numerología.

Tiene el poder de proporcionar análisis de cualquier condición que conduzca a beneficios a largo plazo.

Negocios, intuición, análisis y eficacia son algunas de las cualidades principales del número ocho.

-9- GRAN FINAL.

El 9 significa, que algo grande e importante en tu vida pronto desaparecerá de ella. No te preocupes, todo se acaba en algún momento, pero los ángeles te lo están avisando.

El número 99 está relacionado con el supervisor, el recolector, el conocimiento de la conciencia universal, el cierre cuando se comprende cada uno de los significados elementales.

-0- SIGNO DE AMOR.

El 0 representa un signo de amor. Es un mensaje divino que te recuerda, que si estás aquí es por algo, y que el amor del Creador está dentro de ti, es decir, que tu formas parte del Universo Divino.

Además el 0 indica que hay una situación que finalmente se está cerrando.

Algo que te preocupaba, un asunto sin resolver finalmente ha completado el círculo.

- ADVERTENCIA -

Es posible que no seas plenamente consciente de lo que estas creando, momento a momento, pero afortunadamente el universo nos envía señales, para saber si estas en el camino correcto, y lo más importante, cuando estas en el camino equivocado.

Las señales de advertencia del universo, ocurren de forma de circunstancias y eventos no deseados. Estos signos, son una indicación de que tu energía, se dirige hacia una frecuencia de baja vibración.

Tus pensamientos, sentimientos y acciones, se enfocan negativamente y esto está creando circunstancias no deseadas. Siempre que prestes atención a estas señales de advertencia, podemos volver a subir la vibración rápidamente. Signos a tener en cuenta;

- golpearte algún dedo del pie.

- estancarte en el tráfico.

- recibir miradas sucias o comentarios maliciosos.

- resultar herido.

- sensaciones intestinales inquietas.

- discusiones con tus seres queridos.

- enfermarte.

- dolores de cabeza.

- olores desagradables, sonidos o gustos.

Cada uno de estos signos, es una indicación de que necesitas centrarte y ajustar tu frecuencia. Cuando encuentres una de estas señales de advertencia, ¡por favor para! No sigas por ese camino porque no te está llevando donde quieres estar. Si captas estas señales de advertencia rápidamente y respondes de inmediato, el simple acto de centrarte, detendrá el impulso negativo.

CUANDO ALGO NO TE CONVIENE EL UNIVERSO TE ENVÍA SEÑALES,

POR TODAS PARTES...

¿LAS HAS VISTO?

SI PIDES SEÑALES AL UNIVERSO
CREE EN ELLAS,
CUANDO APAREZCAN.

- *MILAGROS* -

Comienza a comunicarte con el universo, y crea los milagros que deseas en tu vida!

Si quieres un milagro en tu vida, prepárate para participar en su desarrollo, se necesita disciplina y atención, para ponerlos en práctica en tu vida;

-Se agradecido por todo.

La gratitud merece toda la importancia que recibe.

Es un cambio de vida, pero, ¿puede la gratitud producir milagros? ¡Sí que puede!

Cuando estás agradecido por todo lo que viene en camino, toda tu energía cambia. Te conviertes en una luz en la oscuridad. Cambias tu perspectiva de escasez, a la abundancia. Traes más bendiciones divinas, porque estás sintonizado en alta frecuencia. Cuanta más gratitud sientas y expreses, mas recibirás por estar agradecido.

Cuando vives en un estado de gratitud, las oportunidades y las bendiciones aparecen milagrosamente en tu vida.

-Deja de excusarte para no hacer nada.

El hecho de que no sepas exactamente qué hacer, no significa que debas sentarte y no hacer nada. Cuando das un paso positivo en tu vida… aparecerá un camino a seguir, no te sorprendas si conduce a algo que no tenga relación con la acción que pensabas. La acción positiva genera recompensas positivas. Cuantas más acciones positivas tomes, más recompensado serás.

-Sal de tu rutina.

Probablemente hayas escuchado la expresión: "si siempre haces lo mismo, siempre obtendrás lo mismo". Tienes que estar dispuesto a salir de la rutina, ampliar horizontes, atravesar zonas de confort… puedes experimentar algunos golpes en el camino, pero la valentía es recompensada. Los milagros no están fuera de tu alcance, pero es posible que necesites activar más allá de tu alcance, para recibir los milagros que has estado esperando.

-Ayuda a otros.

Esa ropa o esa cama que ya no usas, podría ser un milagro para otra persona. Tus palabras amables y tu aliento, podrían darle a alguien la confianza que necesitaba. Cuando haces estas cosas para ayudar a otros a conseguir sus milagros, puedes experimentar la dicha de ser un donante de milagros y el universo te lo recompensará.

-Confía en tu GPS superior.

Todos tenemos un conocimiento interno en nosotros, un GPS Divino, que puede ayudarnos a llegar a donde queremos ir. Cuando escuchas tu mente en lugar de tu guía interno, desvías el rumbo. Tu GPS superior no está en tu mente…esta en tu corazón…esta en tu alma. Cuando sintonizas con eso y confías en lo que te dice, invitas a los milagros a tu vida.

13.

-EL SENTIDO DE LA VIDA-

Encontramos el verdadero sentido de la vida en nuestro interior. Nos habla suave, al punto de que a veces ni lo podemos escuchar. Lo externo hace mucho más ruido y nos lleva a otro sitio. Hay quienes se sienten como fantasmas deambulando por la vida, como si no existieran y no pudiesen encajar en ningún lugar. Hay quienes han perdido la voluntad de vivir, por no encontrar el para qué, no encontrar un sentido. Hay quienes por no sentirse amados y no poder compartirlo, simplemente se van, dejándose llevar por un rio que los revuelca.

Tenemos que aprender a estar bien atentos y anclados en nuestro cuerpo, para poder amarnos en todos los sentidos. Si te sientes distante, aislado, como si estuvieses mirando la vida pasar, tienes que comenzar a familiarizarte con la conciencia. Esta, siempre está anclada y presente, es apasionada, siempre está jugando al juego de vivir, no mira la vida como un espectador insatisfecho.

De modo, que si quieres algo diferente, haz algo radicalmente diferente, entra en tu cuerpo y comienza a encontrar el amor, experimentar y explorar. Entonces, tu vida se va a transformar en un nuevo comienzo y en una gran posibilidad. Cuando se llega a este punto, que es el fondo más profundo que se puede tocar, solo se tiene una opción: **CAMBIAR.**

Cuando uno siente que no quiere vivir más, es que no quiere vivir más de la manera en la que está viviendo ahora, y esto te da la oportunidad, de hacer realmente una transformación profunda, ya que así es, como uno retorna y encuentra quien es realmente.

Una vez que te transformes en la dicha, en el amor, la paz, una vez que comienzas a encontrar plenitud interior, despertarás feliz sin motivo alguno. No hay ningún sufrimiento, que no pueda ser superado a través de la transformación, a través de expandir la conciencia.

Abraza ese sentir, expresa ese sentimiento, pero enfócate en la evolución. Recuerda que nunca se trata de lo externo.

Nosotros somos seres humanos; nos comunicamos, nos relacionamos, pero nuestra plenitud proviene del interior. Así descubrirás que el secreto de la vida es crear, evolucionar, jugar, amar, y verás que a través de esta transformación, podrás tener una vivencia basada en la dicha, en abundancia y disfrutar de verdad de esta experiencia humana, comenzarás a decir SI a esta gran aventura.

LA FELICIDAD ES INTERIOR por lo tanto NO DEPENDE DE LO QUE TENEMOS sino DE LO QUE {SOMOS}

14.

-TRASCENDER-

Trascender significa pasar de un ámbito a otro, atravesando el límite que los separa, incluye además la idea de superación. Toda persona que intenta superar los límites que le pone la vida, que intenta buscar sentido y conocimiento de su YO, y de su existencia, trasciende a un plano, en el que la vida enseña su verdadera esencia y verdad.

Existen leyes de la naturaleza, que se deben tener siempre presentes:

-la trascendencia va más allá de las posesiones materiales.

De eso se trata esta primera ley, de darle valor al proceso de nuestras vidas y no al fin. Quien solo se preocupe por ganar la recompensa final, pierde el sentido de aprendizaje y trascendencia que hay detrás de cada momento que se vive.

-la segunda ley, está relacionada con las personas y su libertad.

Nadie nos pertenece, se requiere esfuerzo, amistad, amor, cariño, y lealtad para crear vínculos fuertes con quienes nos rodean, y en quienes podemos dejar un rastro de nosotros mismos, trascender en los demás.

Nuestra necesidad de trascender, va mas allá, de las cosas y las personas con las que vivimos la vida. Entre mejor tengas planificados tus objetivos y más los cumplas, mayor será el efecto de tus acciones en la vida, de tu existencia.

La vida está llena de complicaciones, y en ocasiones de obstáculos dolorosos, pero son esos momentos donde más puedes trascender, aprendiendo de las caídas y continuando para conseguir tu meta.

Lo más importante es darle tiempo al tiempo a lo que verdad vale la pena, a balancear tu vida, a luchar por lo que quieres y ser humilde y sabio cuando sientas que la vida te da la espalda.

EL TALENTO TE HACE DESTACAR.
EL CORAZÓN TE HACE TRASCENDER.

15.

-CREA TU DESTINO-

Si no quieres llegar al final de tu vida lleno de arrepentimientos, debes convertirte en el creador de tu propio destino.

Las buenas oportunidades no suelen caer del cielo.

Para concretar nuestros anhelos más profundos, hay que trabajar día a día en nuestros objetivos. Muchas personas llegan a ancianas, sintiendo que están llenas de arrepentimientos por no haber sabido como planificar sus vidas.

Estas claves, pueden ayudarte a conseguir todo lo que te propones, para crear tu propio destino:

-PLANEA TU FUTURO.

Aunque la vida esté llena de eventos inesperados, es importante que te establezcas metas a corto y largo plazo. Estos objetivos son los que te darán la motivación, para ser productivo en todas tus actividades.

-SE PRAGMÁTICO.

No te encapriches por conseguir cosas imposibles.

Para lograr tus objetivos, debes ser consciente tanto de tus habilidades como de tus limitaciones. No pierdas tiempo y energía en intentar convertirte en algo que no eres en esencia.

-DECIDE QUIEN QUIERES SER.

Si te enfocas en descubrir qué tipo de personas quieres llegar a ser, te será más fácil encontrar la manera de lograr lo que te propongas. Recuerda, que al final de tu vida, las cosas materiales ya no tendrán más importancia, y solo te quedará la imagen que tengas de ti mismo.

-SE HONESTO.

Estar en mentiras o autoengaños no conduce a ningún lado, la verdad siempre sale a la luz y perderás la confianza de las personas que te rodean.

-ACEPTA LAS CRÍTICAS.

Nadie puede construir su destino en soledad.

Los consejos que te dan tus amigos y familia, por más que no quieras escucharlos, pueden ser una guía fundamental para que consigas el éxito en cualquier ámbito de tu vida.

-ALÉJATE DEL NEGATIVISMO.

Así como es importante que escuches a tus seres queridos, debes aprender a alejarte de las personas envidiosas que quieran llenarte de negativismo.

-NO TE CONFORMES.

Muchas personas se conforman con lo fácil, en vez de, comprometerse al 100% con su energía y capacidad para ser exitoso. El único problema es, que luego sentirán una frustración enorme. No dejes de perseguir tus sueños, y explota al límite todo tu potencial para crear tu destino. Entusiásmate ante la maravillosa posibilidad de crear tu propio destino. Un destino que puedes ir construyendo como tú decidas que sea, día a día, sumando pequeños esfuerzos y dirigiendo tu enfoque en la dirección que hayas elegido.

16.

-VIVE TU VIDA AL MÁXIMO-

La mayoría de las personas, parecen como si estuvieran viviendo sus vidas en trance, sonámbulos insensibles, que hacen las mismas cosas día a día, mientras están estancados en la misma rutina. Rutinas que les dan la sensación de estabilidad, en un mundo inestable y cambiante. Sin embargo, el estado de ser sonámbulo puede ser muy prometedor, lo único que tienen que hacer, es echarse sobre un sillón y empezar a disfrutar de la vida, que puede ser un emocionante viaje lleno de aventuras, de horas frente al televisor. Esta es una posible forma de vida, pero siempre tendrás un vacío dentro de ti mismo, que no vas a ser capaz de llenar con el entretenimiento. Esa es la carga de ser un sonámbulo, no llegarás a la verdadera plenitud y conciencia. No serás capaz de llenar el vacío que hay dentro de ti mismo.

COMIENZA A VIVIR TU VIDA ¡AHORA!

-EL VALOR DE VIVIR TU VIDA AL MÁXIMO-

Todo lo que necesitas para vivir tu vida al máximo, es valor, nada más y nada menos. La falta de valor, impide que la mayoría de personas vivan su vida al máximo, estas personas están atrapadas en sus confortables rutinas diarias. El valor es un factor crucial, no podrás vivir tu vida al máximo, si no te atreves a hacerlo por los riesgos que puedan venir.

Escucha a tu corazón cuando tomes decisiones importantes, y trata de desatender los factores externos solo por un momento. Ten el coraje de seguir a donde tu corazón te lleve! Toma conciencia de las cosas que tu corazón desea.

Cuando miras desde otra perspectiva, puedes descubrir que lo que realmente quiere tu corazón, es la verdadera amistad, la felicidad, el amor, así como también la satisfacción y la paz interior.

Preocuparse por el futuro o luchar con el pasado, puede ser un gran obstáculo, cuando se trata de vivir tu vida en este momento al máximo. Acepta el pasado como lo que es, algo que paso y no puede ser cambiado.

Preocuparse por el pasado y el futuro puede ser un círculo vicioso, que ocupa tu mente con pensamientos y situaciones que no están relacionados a tu vida actual, lo que finalmente te impide vivir la vida al máximo.

La clave del éxito radica, en la aceptación de lo que pasó y la reconciliación con el pasado.

ARRIÉSGATE A VIVIR AL MÁXIMO!!

Empieza a decirle si, a las cosas que la vida te ponga en frente, a todas aquellas experiencias nuevas que sean enriquecedoras para ti, arriésgate a hacer aquello que nunca te has atrevido, dile si, aunque en el pasado hayas tenido una mala experiencia.

Regálate la oportunidad de vivir nuevas experiencias que te hagan crecer como persona, que renueven tu alma y te llenen de nuevo de esas ganas de vivir la vida al máximo.

Te hablo de decirle si, a nuevas personas, sabores, oportunidades de negocio, deportes, aventuras, música, lugares, retos personales y hasta nuevos pensamientos.

Recuerda, que es tu decisión empezar a ver las cosas desde un ángulo diferente al acostumbrado, no te pongas muros y barreras… disfruta el presente, y recibe los hermosos regalos que guarda la vida especialmente para ti.

No dejes que esas barreras te frenen y tu camino se estanque, no te quedes en el mismo sitio de siempre, pues el objetivo de vivir, es vivir la vida al máximo, es irnos diferentes de como un día llegamos, no te quedes con lo conocido y no le des tantas vueltas a tu respuesta, di que sí, y disfruta al máximo!!

Solo arriesgándote a vivir, serás un ganador de sonrisas y aprendizajes, quizás no siempre las cosas salgan como esperas, pero en algún momento, al decir si, estarás creciendo y aprendiendo de este hermoso camino que llamamos vida.

Te llenarás de anécdotas y se despertará tu instinto de supervivencia, junto con todas las habilidades que no sabías que estaban en ti, déjate sorprender por tus grandes capacidades y te aseguro que podrás dejarte a ti mismo con la boca abierta.

ARRIÉSGATE A VIVIR AL MÁXIMO!!!

¿Qué estás esperando para ello?

No ves que el tiempo es un recurso bien escaso, el cual si no aprendes a manejar, a vivir presente, consciente y de verdad, cuando menos te des cuenta, se te acabará… pero tranquilo, aún no ha pasado, aun estas a tiempo de hacer cosas gigantescas con tu vida, de hacer viajes a destinos que ni sabias que existían, de emprender nuevos negocios, de inventar nuevos productos, de mejorar tu salud, tus finanzas, tu cuerpo… mejor dicho, de atreverte a vivir al máximo!!!

Solo imagina, lo bonito que podría ser arriesgarse…

Visualiza unos segundos como te sentirías cuando materialices todos esos sueños que tienes en tu mente…

Maravilloso verdad?

Ahora sal, y da lo máximo de ti, te aseguro que no te arrepentirás!!!

DEJA
DE ESPERAR
que las cosas pasen
SAL AHÍ FUERA
Y HAZ QUE PASEN

17.

-LOS APRENDIZAJES-

La vida es un aprendizaje constante. Sácale jugo a las lecciones buenas y malas de la vida, para convertirte en un ser exitoso y lleno de experiencia.

La vida es un proceso pedagógico, cuya principal finalidad es crecer, madurar y evolucionar como seres humanos, aprendiendo a ser felices por nosotros mismos, de manera que sepamos como amar a los demás y a la vida tal como son.

No hemos venido a este mundo a ganar dinero, ni tampoco a proyectar una imagen del agrado de los demás.

Nuestra existencia como seres humanos, tampoco está orientada a comprar, poseer y acumular cosas que no necesitamos. No estamos aquí solamente para sobrevivir fisica, emocional y económicamente.

Los sabios de todos los tiempos, nos han invitado una y otra vez, a ver la vida como un continuo proceso de aprendizaje.

Solemos confundir la felicidad con el placer y la satisfacción, que nos proporciona el consumo material. Sin embargo, la verdadera felicidad no está relacionada con lo que hacemos, ni con lo que poseemos.

Aunque no es posible describirla con palabras, podria definirse como la ausencia de lucha, conflicto y sufrimiento interno.

Por eso, se dice que somos felices, cuando nos aceptamos tal como somos y sentimos que no nos falta de nada.

Y esque la felicidad, no tiene ninguna causa externa; es nuestra verdadera naturaleza.

Más allá de aprender a ser felices por nosotros mismos, hemos venido al mundo a aprender, a sentir una paz invulnerable.

Y para lograrlo, hemos de trascender nuestro instinto de supervivencia emocional, que nos lleva a reaccionar impulsivamente, cada vez que la realidad no se adapta a nuestros deseos, necesidades y expectativas.

El reto consiste en aprender a aceptar a los demás tal como son, y a fluir con las cosas tal como vienen.

Aceptar no quiere decir resignarse, tampoco significa reprimirse, ni ser indiferente, ni siquiera es sinónimo de tolerar o estar de acuerdo.

Más bien se trata de todo lo contrario.

La auténtica aceptación, nace de una profunda comprensión, e implica dejar de reaccionar impulsivamente.

En la medida que aprendemos a ser felices por nosotros mismos, dejamos de sufrir y sentimos una paz invulnerable, dejando de reaccionar, aprendemos a amarnos a nosotros mismos y a los demás.

Al hablar del amor, nos referimos al comportamiento, de ahí que amar, sea sinónimo de comprender, empatizar, aceptar, respetar, agradecer, valorar, perdonar, y en definitiva, de aprovechar cada circunstancia de la vida, para dar lo mejor de nosotros mismos.

Recuerda, el aprendizaje es el camino y la meta de nuestra existencia.

CADA APRENDIZAJE DE LA VIDA NOS HACE MÁS SABIOS,

Y MÁS CAPACES DE AFRONTARLA DE MANERA CORRECTA.

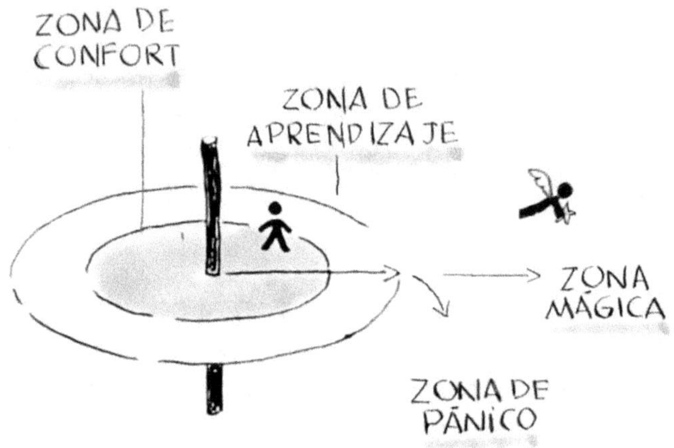

Zona de confort: zona mental donde no se tiene sentido de riesgo.

Zona de aprendizaje: es un lugar nuevo, donde te sentirás desprotegido e incómodo.

Zona de pánico: zona que te genera una sensación de descontrol, de temor a perder lo que ya se ha conseguido.

Zona mágica: es la zona en la que te pueden ocurrir cosas maravillosas, que aún no sabes porque no has estado allí.

18.

-NO ESTÁS SOLO-

No estás sólo, estás contigo. Es mucho, lo es todo.

No eres lo que se ve, eres todo lo que puedes llegar a alcanzar si no desistes. Eres todo lo que ya está en ti, solo por atreverte a imaginarlo.

Cada vez que te mueves, mueves el mundo.

Tienes tus raíces y todo un baúl de sueños por surcar y sentir. En los días más oscuros, cuando ignoras que brillas, que eres tu propia luz, que no necesitas nada más que confiar para ser tú mismo, algo en ti te dice que sigas, que no te pares…

En los días más dulces, siéntate en un rincón y contempla la belleza que te rodea, para que logre invadirte y entrar en ti…

No hay nada en el mundo que pueda vencerte si estas de tu parte. No hay camino que no puedas recorrer, si eres tu quien lleva tus pies. Solo tienes que entender, que no siempre andarás por los caminos que sueñas, y que a veces, los caminos que sueñas, no te llevaran a lo que imaginas…

Suelta todas las expectativas y decide vivir lo que la vida te propone, sigue trabajando para conseguir lo que anhelas, pero no te aferres a nada, solo a ti.

Lejos quedan esos días, en los que andabas caminos para otros, o compartías el tuyo con personas que se comían tu pan y te hacían creer, que eras tú quien perdía las migas.

Ya no eres esa persona que se aferraba a cualquiera, para evitar que al llegar la noche, la soledad te invadiera el pecho.

Ya no eres esa persona, que nunca levantaba el dedo para opinar, porque sentías que tus opiniones, eran absurdas para llegar a otros oídos.

Ya no llevas ese escudo para protegerte, ni esa máscara por si no gusta tu cara.

Ya no dependes de si llueve, de si hace sol o graniza, porque sabes, que pase lo que pase, cuentas con tu mejor aliado…tú.

No estás solo y no te asusta quedarte solo. Conoces todos y cada uno de tus miedos, y has besado y abrazado todas tus debilidades, hasta descubrir lo hermosas que son.

Ya no eres el que se sentaba al final, para no molestar con tu presencia, ni el que decía siempre si, para mendigar amor. No eres el que durante un tiempo quiso estar siempre perfecto, ni el que se cansó y paso años sin mirarse al espejo, porque sentías que no podrías alcanzar esa perfección.

No lo eres, pero todo lo que aprendiste siendo así, está en ti, es tu herencia, tu legado, tu hermoso aprendizaje para seguir.

Ya no haces nada buscando nada, que no sea para estar mejor y crecer.

El único destino que esperas está en ti.

La única puerta que llamas cada día es la tuya… y ábrete siempre con una sonrisa y pasa.

Ya no eres esa persona que se cambiaba por otras, y soñabas vivir sus vidas y suplicabas no sentir.

Ahora, te das cuenta de tus equivocaciones y las ves, como peldaños de una escalera que supiste subir.

Te hablas tan bonito, que inventas cada día, palabras para animarte a seguir.

Ya no eres esa persona que se guardaba lo bueno, porque temías perder, ahora lo compartes todo y al acabar el día, no sabes cómo te queda más…

Has descubierto, que la única forma de ser grande, es ver la grandeza en otros y compartir la tuya cada día más.

No estás solo nunca, estás contigo, te cobijas, te esperas, te reconoces, te amas… ya no necesitas mendigar el brillo ajeno para ver el propio, y es más…te sumerges en él y lo celebras, gozas de los triunfos ajenos, como si fueran tan tuyos que al final lo son.

Y acaban salpicándote de felicidad, oportunidades, buenas ideas, pura magia…

No estás solo, eres un universo de semillas, que cada día se esparcen y se plantan, mientras vas caminando, vas sembrando a tu paso. Y cuando miras atrás… ves un camino nuevo, un montón de caras, que te agradecen tu gesto, qué más da, que a veces no veas a donde te lleva el camino, lo verdaderamente importante es ponerse a andar.

No estás solo, porque cuando decides sentir y aceptar toda tu grandeza, entras en un bucle de vida que no tiene fin…

No estás solo, si compartes, si das, si asumes lo que eres y aportas tu valor.

No hay nada que pueda evitar tu grandeza, cree en ti.

*NO TEMAS, NO ESTÁS SOLO
YO ESTOY CONTIGO
Y NUNCA TE DEJARÉ.*

–DIOS-

19.

-PLAN DIVINO-

Nuestra presencia en este planeta, no es una simple casualidad, ha sido perfectamente planificada y destinada a ser tal cual es, todo sigue un orden y correlación.

Divina, muchas veces difíciles de comprender, porque posiblemente, nuestro nivel de conciencia aun no esté a la altura.

Para ir entendiendo el propósito divino, de las experiencias que vamos atravesando en la vida, vamos a poner en claro tres razones, de nuestra razón de ser:

-1-

Todas las experiencias que atravesamos en la vida, nos invitan a despertar conciencia y a crecer, no importa si estas experiencias causan dolor o satisfacción, el propósito fundamental, es desarrollarnos internamente y evolucionar.

-2-

Somos seres Divinos y Omnipotentes, el paseo por la vida nos lleva a tomar conciencia de nuestra Divinidad.

-3-

Las dificultades en la vida, nos permiten evaluar hasta donde podemos llegar, nos invitan a mirar en nuestro interior, descubrir nuestros recursos internos más valiosos, desarrollar nuevas habilidades, despertar talentos dormidos, adquirir valores y virtudes que nos engrandezcan. El dolor nos empuja a crecer y evolucionar.

Para seguir el cumplimiento del Plan Divino, debemos atravesar en cada encarnación, por distintas dificultades que nos lleven a transformarnos, a vibrar en una sintonía más elevada, para poder crear bienestar en nuestras vidas.

Ese proceso de transformación, al cual nos sentimos llamados, nos alienta a mirar en nuestro interior, descubrir cuáles son nuestras limitaciones y desafíos internos que debemos enfrentar.

Cada problema o dificultad que se nos hace presente en la vida, viene acompañado con una solución espiritual, esta solución, involucra un autoanálisis, determinar las metas de crecimiento y cambios internos, y la realización de un profundo trabajo interno de transformación.

Cuando te transformas, dejas atrás patrones de conducta aprendidos en la infancia, que aún no han sido resueltos. Esos patrones de conducta se hacen presentes, porque contamos con todo lo necesario para superarlos, para resolverlos desde el interior.

Al ir desprendiéndote de esos patrones de conducta, necesitas incorporar nuevos patrones como, valores, virtudes, talentos que llevas dentro que están dormidos, pero latentes a cobrar vida y empoderarse de ti.

Es así, como despiertas a la mejor versión de ti mismo, mucho más grande y poderoso de lo que eres ahora, mucho más grande de lo que jamás habías pensado.

El Plan Divino Universal, es la expansión de la conciencia, el crecimiento, el desarrollo perfecto de cada cosa creada desde el centro del universo.

El plan divino (individual y planetario) como lo expresa su nombre, es un Plan Divino de perfección, que contiene en si, todas las cualidades necesarias para la realización y la evolución tuya y del planeta; bondad, sabiduría, amor, belleza, verdad, prosperidad y libertad, por tanto, posee todas las virtudes divinas.

Hay un Plan Divino detrás de todas las cosas, hay un Plan Divino para este inmenso y maravilloso universo, una razón de ser.

Tú tienes un Plan Divino, la razón de tu existencia, cuya realización te hará encontrar tu lugar en el mundo y manifestar tu misión de vida.

El Planeta Tierra, es una escuela, donde evolucionan millones de almas. En esta escuela, dichas almas, deberían alcanzar la realización del ser, de las virtudes y de los poderes divinos, que cada quien posee en su interior, lo cual significa, que el cumplimiento del Plan Divino para el ser humano, consiste en lograr la maestría sobre la energía que impregna el universo.

Para alcanzar este objetivo, debes tomar conciencia de que toda la energía, capturada y utilizada por los pensamientos, los sentimientos, las palabras y acciones, debe mantenerse pura con la perfección del universo.

Esta perfección se encuentra en las virtudes y en los poderes divinos encarnados, por los siete rayos principales que componen la luz divina.

Una vez realizadas estas virtudes divinas, y puestas al servicio del bien común, el ser humano debe ascender a su divina presencia "YO SOY" y unificar la persona con el alma.

Todos sabemos, que estamos aquí en este planeta, viviendo esta experiencia humana porque hay un plan divino. Un plan mayor, que nosotros mismos y que cada persona, debe cumplir en su vida actual.

Toda persona en este planeta ahora mismo, tiene algo que cumplir. Ya sea creando obras de arte, descubriendo alguna fórmula, o simplemente ayudando al prójimo con unas palabras alentadoras.

Tu Plan Divino, no tiene que ser algo grande como lo que describí, solo tiene que ser algo que el universo ha encomendado para ti.

Esto lo descubres cuando sigues a tu corazón.

Un gran maestro de lo divino, Wyne Dyer, siempre dice en sus libros, que debemos preguntarnos todos los dias,

¿cómo puedo servir hoy?

Es muy buena pregunta para descubrir tu Plan Divino.

El mismo universo, te va a mostrar el camino, cuando empieces a preguntarte esta pregunta a diario.

Solo tienes que cumplir con lo que te nace del corazón.

Siempre hazte estas tres preguntas antes de desempeñar una actividad, para saber si estás dentro de tu plan:

1- ¿Cuando pienso en ésta actividad, siento resistencia o negatividad?

2- ¿Si cumplo con ésto, me voy a sentir más lleno o vacío?

3- ¿Podré contar esto mañana, como un triunfo más o un fracaso más?

Estas tres preguntas las debes de tener en cuenta, cuando estás desempeñando un trabajo o favor, para saber de verdad, si estás dentro de tu Plan Divino.

Asusta mucho dejar de hacer lo que siempre has hecho, pensar como siempre has pensado y reconocer que puede a ver una idea, una aventura o una forma de mirar, con la que nunca habías contado.

Pero todo esto forma parte de la vida, de un ciclo natural, que nos recuerda, que para avanzar hay que dejar algo atrás, que para volar, hay que despegar los pies del suelo y que para crecer, hay que saber decir adiós.

Y es que existen dos tipos de despedidas, a las que sí o sí, deberemos hacer frente; aquellas en las que la vida te echa a ti, y aquellas en las que tú, decides qué echas de tu vida.

Si bien, las primeras suelen ser más duras, las segundas, pueden hacer que empieces a latir de nuevo.

Recoge tu equipaje con valor.

Es la hora de mirar adelante.

20.

-LA MAGIA ESTÁ EN TI-

Cierra los ojos, relájate, respira profundamente, relaja tu cuerpo y céntrate en la respiración, en el centro de tu pecho, cuando estés profundamente relajado, imagínate que eres un gran mago, imagínate a ti mismo haciendo magia, esa magia que deseas, puedes soñar que estás en tu mundo mágico, que puedes hacer todo lo que desees... como volar entre nubes de algodón, charlar con animales, crear luces de colores... puedes imaginarte con una varita mágica que cumple los sueños de tu corazón.

Siente esa energia y esa fortaleza de la magia, en tu interior, en el centro de tu pecho, y como esa energia tan poderosa se concentra ahí, y desde ahí se expande hacia el exterior a través de tus manos, tus ojos, tu pecho o incluso tu varita mágica.

Piensa en momentos de alegria, con entusiasmo, con fuerza, con seguridad en ti mismo, y crea todo aquello que desees, recuerda que la magia está dentro de ti, que te rodea, y siente como se manifiesta, en el mundo exterior que quieres crear.

Disfruta de ese momento mágico, siéntelo con fuerza, sin miedos, sin juicios, como si fueras un niño jugando a imaginar y crear tu mundo, siente esa magia en ti.

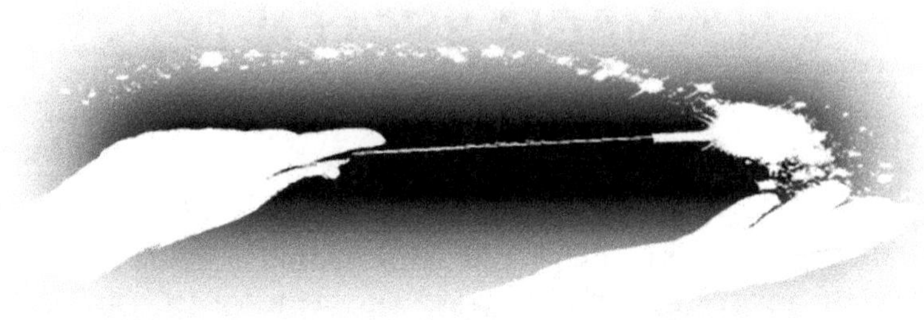

Todos tenemos en nuestro interior, ésta energia tan poderosa.

Todos en nuestro interior, llevamos a ese Mago que somos, que quizás siendo niños lo conocimos, pero por distintas razones, por la sociedad, educación y familia, fuimos olvidando, hasta el punto de no creer en la magia, sobre todo, en la magia de nuestro interior, que desea salir de nuestro fondo, para poder expandirse en nuestra vida.

Primero debes recordar y reconocer quién eres, para poder acceder a ese poder tan mágico que hay dentro de ti. Puedes empezar a recordar como eras, cuando eras niño, conecta con esa parte auténtica, esa parte tuya que sigue teniendo ilusiones.

Recuerda qué te gustaba hacer cuando eras pequeño, con qué soñabas, quién querias llegar a ser.

Cuando somos pequeños, estamos muy conectados a la magia, todo es posible, tenemos seguridad en decir lo que nos gusta y lo que no, y creemos en la magia del dia a dia, de cada instante, sabemos disfrutar de cada momento y vemos un mundo diferente, en el que todo es posible, porque creemos en nosotros mismos, en las personas, y en que podemos hacer todo lo que imaginamos.

Ese poder de la magia interior de la confianza, de las cosas simples, de la fuerza y la seguridad, de poder hacer en nuestra vida lo que queramos, y que además, no tenemos ni dudas ni miedos, ni si de podemos conseguirlo o no, esa es la magia de la energia interior, de la creatividad, la ilusión, el poder, la magia que quedó olvidada con nuestro niño interior.

Quizás a veces te preguntes, qué haces trabajando en un lugar que no te gusta, o por qué decidiste estudiar esa carrera, o por qué aún sigues viviendo en ese lugar, o por qué en tu vida no tienes tiempo libre, a veces no sabes qué hacer, porque no sabes lo que te gusta o por qué vistes así, si realmente te gustaría ir con ropa diferente…

Quizás tu niño interior esté un poco enfadado y está reclamando tu atención; "oye, sigo aquí, soy diferente y maravilloso" ¿por qué me castigas así?

Olvidaste que te gustaba pintar, escuchar música, bailar, disfrazarte, correr, reir, jugar a que eras Mago…

¿esque ya no recuerdas lo que es imaginar, ser feliz, disfrutar con lo que haces? ¿no recuerdas que puedes pensar diferente?

¿por qué va a tener más valor lo que haces, que lo que de verdad quieres hacer?

Es tu Mago interior el que está despertando en ti, el poder que reside en tu interior.

Quizás sientas que algo falla en tu vida porque no te sientes completo, que no eres feliz del todo y no sabes el motivo, escuchas la opinión de los demás como dicen que tienes que aguantar con todo, no tener fantasías, ni ilusiones que no vas a poder cumplir… así que permaneces en el miedo, ahogando aún más la energía de la magia en tu vida, la que siempre ha estado y estará en ti esperando a reconocerla.

Si te atreves a conectar con ese niño interior y con la fuerza del poder de la magia, puedes empezar a visualizar qué es lo que realmente quieres para tu vida, sin miedos, sin juicios de los demás si podrás o no podrás realizar tus sueños, si la sientes con fuerza, con mucho entusiasmo y confianza, podrás ver qué necesitas para sentirte más completo, para encontrarte contigo mismo, reconocerte, ver la fuerza que hay en tu interior y comenzar a mover la energía de creatividad, para que como gran Mago que eres, puedas crear para ti, esa vida en la que puedas cumplir tus sueños.

La fuerza y el poder del Mago residen en la confianza, en el entusiasmo que lleva una mente creadora, y por supuesto mucho amor e ilusión.

La magia es una energía creadora, capaz de cambiarte a ti mismo y al mundo que te rodea, nos lleva a la transformación, al poder del movimiento y del cambio, nos conecta con nosotros mismos, con la naturaleza y con el propio universo.

Todo en el mundo fue primero un pensamiento, esa energía necesitó de imaginación, de confianza, creatividad,entusiasmo, ilusión y amor, que son las bases de la magia.

El universo entero es magia, tú eres magia y puedes usar esa magia, para crear aquello que desees.

Cuánto más alineado y centrado estés contigo mismo, cuánto más recuerdes quién eres, cuánto más vuelvas a ser el niño que fuiste, le escuches y te reconcilies con él, más reconocerás la magia que hay en ti, en otros y en el mundo, más fácil será para todos,y reconocer, que somos creadores divinos, los Magos de nuestra propia vida.

Nuestra alma anhela la magia, todos necesitamos magia, y cuando renunciamos a ella, es que algo falla.

Pero la magia está en todo lo que nos rodea, renunciar a ella, es renunciar a una buena parte de nosotros mismos y de nuestras posibilidades.

Tu mente es increiblemente poderosa, mucho más de lo que piensas y con un poco de entrenamiento, puedes cambiar tu mentalidad. Se trata de que tú también puedas atrapar todos esos momentos mágicos que has dejado de percibir.

CREE EN TI MISMO

No puedes buscar belleza en el exterior, si no eres capaz de verla dentro de ti. Si siempre buscas la aprobación externa, perderás un tiempo muy valioso. Tiempo en el que podrías estar soñando con tu próximo gran proyecto.

Cuando crees en ti mismo y en tus habilidades, las posibilidades se hacen infinitas. Te conviertes en un ser creativo, te atreves a soñar, a compartir visiones y pierdes el miedo a ser ridiculizado por ello.

Todo comienza por un sueño, una visión o una idea.

La diferencia entre creer en ti mismo y no hacerlo, es, que si crees en ti, puedes ir un paso más allá, es entonces cuando se produce un milagro y eres capaz de alcanzar cosas en las que ni pensabas.

Magia es
Creer
en ti mismo.
Si puedes hacer eso,
puedes hacer que
cualquier cosa suceda

PONTE EN ACCIÓN

Eres el director de tu vida. Puedes actuar de muchas maneras diferentes e influir en las circunstancias en las que te mueves, cómo actues, dará lugar a un resultado específico. Si actuas con amor, compasión y comprensión, tu acción siempre tendrá magia, gracia y poder, y dará como resultado un bien mayor.

Cuando actuas por amor, no solo te sentirás bien, si no que inspirarás a otros a hacer lo mismo.

El amor siempre atrae más amor.

Pero si tus acciones provienen de tu ego, si están basadas en la desconfianza, en el temor, en la sospecha o en la crítica, seguirás atrayendo a los mismos patrones. Atraerás al mismo tipo de personas y situaciones, una y otra vez.

Es hora de cambiar esto.

No tengas miedo, hay magia esperándote a la vuelta de la esquina y lo bueno es, que la puedes generar tú.

LO QUE PUEDAS HACER O SOÑAR,
PONTE HACERLO.

BUSCA LA MAGIA EN LAS COSAS SENCILLAS.

Hay magia en muchas de las cosas que nos rodean, en las cosas sencillas que a diario nos acompañan; una puesta de sol, el cielo estrellado, la sonrisa de un niño, la brisa que acaricia tu cara, la lluvia que refresca…

La magia no es una cuestión de fantasía.

Ver la magia en lo que nos rodea, significa reconocer y agradecer las maravillas de nuestra existencia.

Para encontrar y atraer la magia, hay que empezar por agradecer ese regalo maravilloso, del que ya disfrutamos y se reproduce con cada latido de nuestro corazón: la vida. Porque la magia de la que hablamos, es en buena parte, aliento, fuerza y energía.

> *"El que no cree en la magia*
> *nunca la encontrará"*
> *Roal Dahl*

21.

-PERSONAS MÁGICAS-

Hay personas mágicas rodeándonos por todas partes.

Son aquellas con las que conoces la felicidad, aquellas que te ayudan a volar, a brillar y a descargar tu mochila.

La amistad es, de esas miradas sinceras, que aligeran pesares, y nos ayudan a deshacernos de los obstáculos que se nos presentan.

Los verdaderos amigos, se cuentan con los dedos de una mano. Esta es una gran verdad que nadie puede negar. Hay gente con la que conectamos de manera especial.

Las personas mágicas, son aquellas que tienen grandes cualidades sociales y emocionales, las que nos brindan su apoyo nos rescatan y nos encaminan, hay personas así, de las que caen bien desde el minuto cero.

¿SABES SI TÚ ERES MÁGICO? DESCÚBRELO AQUÍ:

-SABES QUE ERES MÁGICO.

Esta es la más importante. En el centro de tu corazón, todo el mundo es mágico, pero la mayoría no lo sabe.

Es muy triste y no es culpa suya.

La conciencia de esto, ha sido expulsada de su camino, nuestra sociedad en general es muy anti-mágica.

La gente mágica siempre tiene una misión, y parte de esta misión consiste, en ayudar a la gente que aún está anclada en la tierra, a entender, que la magia es real y está también en ellos.

Así que si sabes que eres mágico, llevas ventaja.

-ENCUENTRAS TONELADAS DE SINCRONICI-DADES.

A veces, estas sincronicidades, son simplemente bonitas o estúpidas, pero a menudo, cambian la vida dramáticamente.

La mayor sincronicidad, que le puede ocurrir a una persona mágica, es conocer a otra persona mágica, es emocionante, es amor.

-ERES SENSIBLE A LAS ENERGÍAS ACTUALES.

Cuánto más mágico eres, más te afectan las energías de la luz, el sol y la luna.

Puedes descubrir que no puedes dormir las noches de luna llena.

-TIENES SUEÑOS REALES.

La gente mágica, tiene cuerpos etéricos parcialmente desarrollados, que pueden navegar libremente por los planos astrales.

Tener abiertos estos sentidos aunque sea un poco, significa que puedes ver el mundo de una forma más vivida.

-TU ENAMORAMIENTO ES PSICODÉLICO.

Cuando una persona mágica se enamora, muy probablemente de otra persona mágica, la intensidad de dopamina y oxitocina, se precipíta en los cerebros mágicos, tiende a desencadenar fenómenos de percepción psíquica, encuentros con tu amante en los sueños, sexo que rompe los límites de tu identidad y otras cosas divertidas.

La gente mágica se enamora, y todo es como… ¡INCREÍBLE!

-ERES CAPAZ DE MODIFICAR EL AMBIENTE.

Cuando una persona que transmite energía positiva, se encuentra en nuestro círculo, en ese momento el ambiente se vuelve más alegre. Parecen que tienen una varita mágica que sabe lo que necesita cada uno en ese momento.

-TE GUSTA CRECER.

A las personas mágicas, les gusta crecer internamente.

Disfrutan leyendo, escuchando música, haciendo un curso… pequeños gestos que les hace crecer como persona y alimentar su optimismo, y sus ganas de aprender y hacer cosas en la vida.

-APROVECHAS LAS OPORTUNIDADES.

Las personas mágicas, toman una actitud de apertura ante las oportunidades de la vida, y si es para ellos, se arriesgan, con toda su alegría y sus ganas de progresar en cualquier ámbito de la vida.

-TIENES ABUNDANTE ENERGÍA.

Las personas con energía, irradian abundante luz.

Adoran esparcir la magia en el mundo, su mayor motivo es difundirla, esforzarse a diario a hacer cosas que puedan aumentar esa energía, alegría y amor en el mundo.

A menudo, suele decirse aquello de que hay personas que nacen así, con ese Don, para hacer que la existencia sea más fácil.

Sin embargo, en realidad, lo que tienen este tipo de personas, es una actitud valiente para encarar la vida, lo que deberíamos hacer es imitarlos.

Si alguna vez, encuentras en tu vida a una persona mágica, no la dejes escapar. Despertará tu vida de la monotonía, pondrá patas arriba lo previsible, hará que te rias de tus peores desgracias y pondrá luz y fantasía, donde solo ves tinieblas.

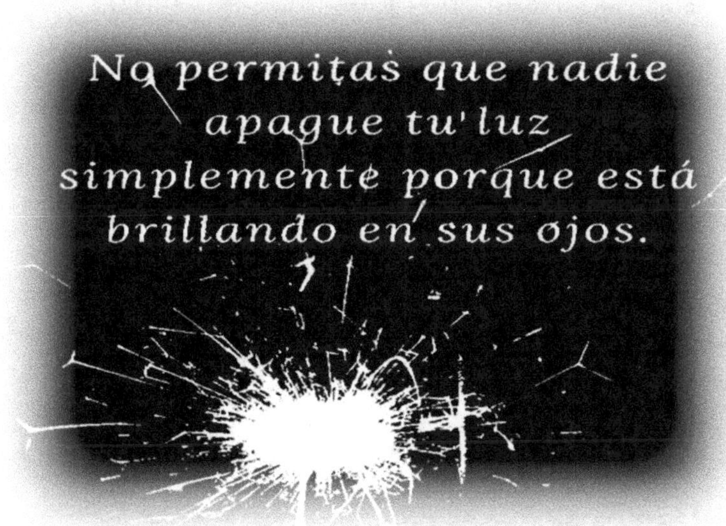

Las personas con luz, transmiten facilidad de trato y serenidad. No son la luz al final del túnel, porque con ellas, no existen los túneles, solo senderos de tranquilidad, donde la vida parece más fácil, donde todo está en equilibrio.

Las personas con luz, son personas comunes que visten sonrisas cotidianas, que tienen la palabra adecuada, para el instante necesitado. Son personas que practican ese positivismo, regalando a todos un "no te preocupes, todo saldrá bien"

Saben establecer cercanía, porque disponen de una gran empatía y equilibrio interior.

Saben cuando se las necesita, y saben también dejar espacio. No exigen, no piden nada a cambio.

Cuando se está junto a ellas, podemos ser nosotros mismos. Sin presiones, sin tener que disimular y aún menos justificarnos.

Son personas que ofrecen luz porque reconfortan, y a pesar de que no den solución a nuestros problemas, necesitamos que estén ahí, sin juzgarnos, sin criticar.

Si eres tú una de esas personas con luz propia, nunca dejes de brillar. Es muy posible, que seas tú mismo una criatura de luz; alumbras a los demás cada dia, deseando lo mejor y lo haces de forma desinteresada, porque es así como te sientes bien. Poque es así como entiendes la vida y porque no sabrías hacerlo de otra forma.

Debes recordar, que si tu forma de ser y de sentir la vida, es ofreciendo apoyo a los que te rodean, y viendo la vida desde ese punto de vista, más sencillo y humilde, estarás brillando siempre con luz propia, no permitas nunca que otros te la apaguen.

Tampoco pierdas todas tus energías, en quien no las merece.

Aquel que tiene luz propia,
Sabe sonreirle a la vida
Y disfrutar del dia a dia...

22.

-HAZ QUE TU VIDA SEA ESPECIAL-

Haz que tu vida sea especial. Disfruta cada momento como si fuera el último.

No dejes que pase un dia, sin decirle a la gente a la que amas, lo mucho que te importa.

Convierte tu mundo en algo mágico y bonito.

Haz que tu vida sea especial.

Cada persona tiene en su interior, una luz que lucha por salir, el gran secreto es permitirle salir, dejarla que grite al mundo, lo mucho que necesitamos que ese yo interno, sea nuestra guía.

Los verdaderos deseos que anidan en el alma de cada corazón, serán los que hagan realidad una vida especial, mágica y lejos de la rutina.

-ALÉJATE DE LA RUTINA.

Permite que tu vida sea especial y sincera.

Conócete a ti mismo en profundidad, con lo bueno y lo malo, pue solo así puedes tener un diálogo sensato.

Si deseas tener una vida especial, respeta a todos, piensa que en cada una de las personas con las que te cruzas, hay algo bueno y bonito, pero tal vez, nunca tuvo la oportunidad de salir.

Está en la naturaleza del ser humano hacer el bien, pero no siempre es fácil.

Nos educan para seguir al lider, y ser uno más del rebaño. Trabaja, consume, procrea, aporta...

¿dónde queda tu necesidad?

¿y tu realización personal?

¿Cuándo desapareció la voluntad de conseguir tus sueños?

-SI PUEDES IMAGINARLO, PUEDES HACERLO.

Haz que tu vida sea especial. Tal vez, estés imaginando como lograrlo, lo cual significa que quieres conseguirlo.

Será un camino difícil, pedregoso, lleno de obstáculos, plagado de incomprensión. Pero debes saber, que el premio final merece la pena.

El premio al final del largo y complejo camino, eres tú.

Siendo la persona que siempre soñaste, viviendo la existencia que siempre has imaginado, sintiéndote a ti mismo en cada poro de tu piel, gozando de cada segundo que pasa, como si no hubiera un mañana, porque tal vez no lo haya, y entonces ya será tarde.

-BUSCA LA FELICIDAD DE TU VIDA.

Es importante que comiences cuanto antes, a buscar tu vida especial. Deja salir todo lo bueno que llevas dentro, compártelo con el mundo mientras disfrutas del camino.

Olvida tus miedos y verguenzas, y lánzate a la aventura, de ser la persona que siempre has soñado ser.

Apóyate en quien te quiere, ama con intensidad.

Pon metas a tus anhelos, y ve obteniendo pequeños triunfos que te llenarán de satisfacción y felicidad.

En definitiva, haz que tu vida sea especial.

Nunca dejes de soñar.

Aunque no lo creas, siempre puedes conseguir hacer tus sueños realidad si te lo propones, para ello, el primer paso para cumplir un sueño en palpable, es ponerse manos a la obra.

Sin importar cuales sean tus sueños, siempre tienes la posibilidad de hacerlos realidad. Debes comenzar lo antes posible a dejarlos salir de tu pensamiento y pasen a la vida real.

Los sueños son el sitio al que deseas llegar, las visiones, la manera en la que llegarás a ese lugar. Quiere decir que, gracias a tu visión, puedes estructurar un sueño y convertirlo en existente. Ahora es el mejor momento para que tu sueño se haga realidad.

No importa cual sea tu sueño, te pertenece y puedes hacer lo que desees con el.

-DETERMINA HACIA DONDE TE DIRIGES.

¿Tus sueños son profesionales, espirituales, materiales o personales?

¿Qué quieres conseguir con todas tus fuerzas?

¿Qué necesitas para que se hagan realidad?

Imagina donde quieres estar en cinco años, y analiza si tus acciones de hoy en dia te llevarán a lograrlo.

Soñar está muy bien, pero debes pasar a la acción.

-VISUALIZA.

Una excelente manera de materializar un sueño, es visualizarlo. Aunque no lo creas, la mente tiene un poder maravilloso para convertir las cosas en realidad.

Todos los dias, imagina lo que te gustaría conseguir y no te quedes solo con esa imagen. Añádele más detalles, agrega sentimientos… como si realmente lo estuvieses ya viviendo.

-PONLO POR ESCRITO.

Mucha gente fracasa, no porque no tenga talento ni dinero, si no, porque no planifica.

Más allá de imaginar tus sueños, es fundamental que los plasmes en una hoja. Puedes escribir sobre ello, con todo lujo de detalles, incluso buscar imágenes y hacer un cuadro con ellas.

Esta actividad, es más poderosa de lo que crees.

-PRIORIZA.

Es probable que tengas más de un sueño, no todos son igual de importantes, hay algunos que deben suceder primero, para dar lugar a los demás. Ponles un número en relación a su importancia.

-DETERMINA UNA FECHA.

Es crucial el tiempo que fijes para hacer tus sueños realidad, ya que te exigirá un esfuerzo adicional. Al determinar el plazo debes ser realista, para evitar sentirte desilusionado en el caso de no lograrlo a tiempo.

Puedes ir fijando metas a corto plazo, para estar cada vez más cerca de tus sueños.

-ANALIZA LOS PROGRESOS.

Identifica cada acción y esfuerzo, en relación a lo que has logrado. De esta manera, encontrarás la motivación que muchas veces falta cuando los procesos son largos.

-PIDE AYUDA.

Ser autosuficiente es maravilloso, pero muchas veces necesitamos el apoyo de alguien, para hacer realidad nuestros sueños. Quizás necesites hablar con gente que pasó por el mismo proceso que tú y tomar su ejemplo.

23.

-VIVE EN ABUNDANCIA-

Todos nacemos abundantes porque la naturaleza es abundante. La naturaleza no escatima, no contempla la escasez, todo es abundante y en nosotros también.

Sólo debes dar un salto de fe y creértelo para abrirte a la abundancia.

Abundancia, no es solo la economía, la abundancia es más amplia y se extiende también a tener salud, sentirnos amados, tener amigos, dedicarnos a aquello que nos apasiona y como no, a tener dinero para poder gastarlo en aquello que nos gusta y nos hace felices.

Has dejado de pensar que eres abundante, porque te han dicho tantas veces, desde pequeño, que estamos solos en el mundo, que tenemos que defendernos, luchar por sobrevivir y trabajar con esfuerzo y sacrificio, que hasta terminas creyendolo y vives de espaldas a la abundancia.

Para tener abundancia, tienes que tener mentalidad de abundante. Todo pasa por cambiar interiormente, cambiar tu identidad, para poder lograr tener lo que te propongas.

Lo puedes aplicar a cualquier cosa que quieras tener, ya sea amor, tiempo libre, un trabajo que te apasione…

Primero ser, para después hacer y finalmente tener.

Mereces la abundancia en tu vida, ya eres abundante desde el mismo dia en que naciste, solo que tú igual que al resto, conforme vamos creciendo nos van desconectando de esa abundancia con la que nacimos.

Reconéctate con tu canal de la abundancia, para lograrlo:

- Busca un momento de paz, para poder tener una buena concentración.

- Cierra los ojos y calma la mente.

- Inhala profundo y exhala lentamente.

- Da paso a tus deseos y recíbelos con amor.

- Visualiza y concéntrate en que creer es crear.

- Crea imágenes nítidas, como si ya las tuvieses manifestadas.

- Deséalo con convencimiento de que tu mente ya lo creó.

Para atraer abundancia a tu vida, la mejor forma de hacerlo, es poniendo tu talento y tu don al servicio de los demás. Esto es un acto de amor y abundancia hacia el universo, por lo cual serás recompensado.

Antes de que se hagan realidad tus afirmaciones, pensadas con tanta emoción y amor, agradece todo lo que está por llegar a tu vida.

La suma de visualización, emoción y agradecimiento, hará que tus afirmaciones sean poderosas.

¡¡siéntete capaz de hacerlo porque te lo mereces!!

24.

-LLEGÓ EL MOMENTO
DE HACER CAMBIOS-

Todos necesitamos de cambios en nuestra vida.

Es parte de nuestra evolución como seres humanos.

Llevar una vida más saludable, con mayores beneficos, en el cual te iré contando en el segundo libro de la trilogía **VIVE TU CAMBIO.**

Las exigencias de la vida actual, nos lleva a olvidarnos un poco de nosotros mismos.

Dejamos a un lado nuestras metas, por cumplir un empleo. Dejamos de soñar.

Poco sabemos de nuestros gustos, de lo que nos apasiona. Lamentablemente, al parecer vivimos solo para satisfacer aquellos placeres efímeros, que no nos llenan ni ayudan.

Por eso trataré de darte algunos consejos, acerca de realizar un cambio consciente en tu vida.

Despertar y vivir en plenitud, donde cuerpo, mente y alma vivan en total armonía.

LOS CAMBIOS EMPIEZAN DESDE LA CONCIENCIA DEL BIENESTAR

Todos llegamos a un momento en nuestra vida, en donde necesitamos si o si hacer cambios.

Cambiar, evolucionar, es sumamente necesario y saludable. Prácticamente los cambios se inician en el plano físico y de la salud, es decir, cambiar hábitos alimenticios e iniciar una actividad física. Éste apartado lo desarrollaré en el próximo libro de **VIVE TU CUERPO**.

Cuando nos sentimos bien con nuestra apariencia, nos empezamos a sentir bien con nuestra esencia.

Muchos de los cambios vienen por éste motivo.

Necesitamos mejorar, sentirnos libres y en perfecta armonía con nosotros mismos.

Algo que es muy cierto, es que todo cambio comienza por una organización, y aquí hay una gran verdad, nuestra casa es el reflejo de nuestra vida.

Si nuestra casa está en desorden, nuestra vida se encuentra igual.

Así que si quieres empezar a cambiar cosas, lo mejor es empezar con tu hogar.

PARA LA BUENA VIDA, ORDEN Y MEDIDA

Todo cambio, requiere de sacrificios.

Así que si quieres cambiar tu vida, debes dejar de lado ciertos hábitos negativos en ella. Para muchos será difícil cambiar unas cosas y para otros, otras, cada quien tiene su debilidad.

Pero no por ello, debemos creer que es imposible cambiar.

-LEVÁNTATE TEMPRANO.

¿Cómo algo tan simple, puede ser tan significativo?

Pue bien, levantarse temprano es una buena forma de empezar el dia. No hay nada más estimulante que darse una buena ducha en la mañana, seguida de una meditación e iniciar alguna actividad física.

No es que simplemente sea beneficioso para la salud, si no, que también puede ayudarte a ver como tu dia rinde mejor.

El simple hecho de levantarse temprano, nos genera una sensación de que nuestros dias son más largos.

Por lo que tienes tiempo para hacer muchas cosas, además de sentirte con las energías renovadas.

Compara aquellos dias, en los que te levantas tarde, con aquellos que te levantas temprano y verás la gran diferencia.

-CAMBIA LA RUTINA.

La vida monótona, es tóxica y depresiva.

Lo primero que debes hacer, es evitar caer en ella, y si ya estás sumergido allí, es momento de cambiar.

Empieza con pasos pequeños cada dia, comienza con una caminata, sumérgete en la lectura, sácale partido a tu creatividad…comienza por cosas simples, que puedan darle un giro a tu vida.

-FUERA VIDA SEDENTARIA.

Quizás vivimos en un mundo tan ajetreado, que nos volvemos unos sedentarios solo por cansancio. Lo ideal es que nos tomemos un tiempo para nosotros.

Puedes y debes tomarte un fin de semana para ir a la playa, a la montaña, hacer alguna actividad que te invite a salir de la comodidad del sillón, que te diga…

¡¡oye que estás vivo!!

-ALIMENTACIÓN.

Sabemos que la comida poco saludable, es deliciosamente tentadora. Sin embargo, es una asesina silenciosa de nuestra salud. Un cambio que puedes y debes realizar, es cambiar tu rutina alimenticia.

El secreto es hacer tus platos los más coloridos posibles. Mientras más color, más saludable es.

Libera tu alma con un cambio de rutina.

-VOLUNTARIADO.

No hay nada más gratificante que ayudar al prójimo.

Es una experiencia maravillosa, que puede darte un cambio significativo en tu existencia, y en el modo de ver la vida. Involúcrate en actividades y notarás, como te ayuda a enriquecer tu alma.

-DESCONÉCTATE.

Se que parece difícil, para muchos impensable desconectarse de la tecnología. Pero ese es un buen inicio en los cambios de tu vida. No es dejarlo por completo, es buscar otras alternativas de distracción.

Muchas veces vivimos presos de las redes sociales. Una forma de de desconectar un poco, es iniciar una actividad de aprendizaje, quizás con ello puedas descubrir algun talento escondido en ti.

-ES CUESTIÓN DE ACTITUD.

No le temas a los cambios, ellos son necesarios en nuestra vida. La motivación es una herramienta muy importante, así que busca inspiración, descubre lo que te motiva, y enfócate en ello para lograr tus objetivos.

Tener paciencia es importante, no puedes esperar iniciar un cambio hoy y que esté listo para mañana.

Muchas personas se cierran a los cambios debido a la edad, que esto no te impida para hacerlo!

Nunca es tarde para empezar de nuevo, piensa siempre en eso.

Lo que hagas para cambiar tu vida depende de ti, y tu eres el único responsable de tus acciones y actitudes.

Todo cambio es posible si así lo quieres. Pero eso sí, para lograrlo tienes que superar las barreras del miedo, de la inseguridad y del conformismo.

Sal de tu zona de confianza, deja de quejarte de la situación que vives y cámbiala.

No es que sea fácil, pero es posible. Y al final de todo, cambiar será siempre más fácil que seguir infeliz en el mismo estado.

Date la oportunidad a ti mismo, empieza por algo pequeño y actúa diariamente para cambiar aquello que no te gusta en tu vida.

La vida es un viaje maravilloso, pero no estático, estamos en continuo cambio. Todo tiene un principio y un final y las cosas que ayer estaban, mañana puede que no estén en nuestro presente.

Aceptar que la vida es cambio, nos permite vivir el aquí y ahora, disfrutar de lo que tenemos, sin preocuparnos en el mañana.

Es muy importante aprender a cerrar ciclos, capítulos o historias de nuestra vida, porque precisamente eso es vivir; cambiar, renovarse y no permanecer estancado más tiempo del necesario.

El cambio genera incertidumbre y esa incertidumbre nos da miedo. Interioriza la idea real y verdadera, de que las cosas pueden terminarse y eso estará bien porque es lo normal, forma parte de la vida. Porque la vida es cambio.

No quieras permanecer donde ya no tienes que estar por miedo a la incertidumbre. Quizás hoy sufras por cerrar un capítulo, pero mañana te alegrarás y volverás a abrir otro, y lo más seguro es que será mucho mejor.

Será mejor porque tú habras aprendido del capítulo anterior y habrás madurado como persona.

Tómate los recuerdos como lo que son, lo que fue ya no volverá y no merece la pena darle vueltas.

Ahora tienes ante ti una nueva etapa para descubrir, para conocerte mejor y sobre todo para disfrutar.

Verás que nada es totalmente bueno, ni totalmente malo.

Todo cambia, todo pasa, todo se reinventa.

Nosotros mismos evolucionamos como personas, crecemos, maduramos, envejecemos y morimos, no tenemos que ir contra corriente, sino aceptarlo con serenidad. Te adaptarás al cambio antes o después, pero lo harás mucho antes si aprendes a manejar bien tus ideas y pensamientos.

No te quedes anclado en donde ya no encajas, la vida es cambio y tiene que fluir.

Empieza a construir desde tu presente y proyecta tu futuro. ¡ponte a ello sin miedo, tú puedes hacerlo!

Vivir es una aventura continua llena de dificultades, sobresaltos, desconcierto y sobre todo, experiencias por descubrir, vivir y disfrutar.

Podemos decidir como queremos que sea nuestra vida, si intensamente, dejando huellas de amor por nuestro paso o ilimitada por los miedos y la inseguridad.

¿Tú que decides?

Todos pasamos por situaciones difíciles, experiencias con las que sufrimos, vivencias tristes y amargas, pero toso eso forma parte del espéctaculo que es la vida.

Al coger las riendas de cada situación, decides qué actitud tomar ante cada experiencia, así enfrentarás los miedos y todo aquello que te paraliza.

El amor y el miedo son incompatibles, no podemos sentir ambas a la vez.

Los miedos que sientes, tienen relación con el pasado y el futuro, basándose en algo que ocurrió o en algo que te preocupa que ocurra.

En cambio el amor se centra en el presente, vive en el ahora.

Si enfocas tu energía a amarte a ti mismo, lograrás vivir en el ahora, de tal modo que vivirás menos en el miedo.

¿Qué serias capaz de hacer si apartaras tus miedos?

Seguramente todo lo que te propusieras, ampliarias la posibilidad de vivir multitud de experiencias, tendrias el valor de vivir y entregarte al amor en toda su esencia.

Hoy elije ser feliz, priorizarte, cuidarte y quererte un poco más, para que todo lo que llegue sea bueno.

Elije ser valiente y dar amor a los tuyos.

Nunca es tarde para los buenos propósitos, nunca es tarde para darte cuenta, que tal vez, merezcas más.

En ocasiones, las personas postergamos nuestra vida, te limitas a existir pero no a vivir.

A veces, quedamos estancados porque estamos atados a cosas, situaciones o incluso a personas, que vetan por completo nuestro crecimiento personal.

A veces, la vida no es vida, es solo un transcurrir de los dias, donde no hay intensidad, donde no hay ilusión.

Quien se limita a dejarse llevar por la rutina y por las elecciones que otros hacen por ellos, dia a dia, están perdiendo su rumbo. Llegará sin duda un momento, en el que dejarás de conocerte a ti mismo.

Los enemigos de nuestro crecimiento personal y nuestra felicidad, no siempre están en el exterior. A veces, nuestros propios pensamientos pueden ser los más peligrosos.

Decidir que deseas y vas a ser feliz, implica un acto de valentía, rodéate de algo con mucha fuerza, algo que se llama ilusión y a la vez, proyecto de vida.

A partir de hoy vas a dejar de ver la vida como quien pasa hojas de un libro, ahora vas a escribir el libro de tu vida, y vas a ser el auténtico protagonista, para ello, es necesario seguir los siguientes pasos:

-Hoy empieza el resto de tu vida, y va a ser lo mejor de tu existencia, y por eso, debes de entender que tu felicidad depende en realidad de una sola cosa; de ti mismo y de tu actitud.

-Todo acto requiere de valentia, es momento de valorar qué es lo que te impide ser tú mismo en tu vida. Valora que te ofrece infelicidad, tristezas y qué vulnera tu autoestima.

-Ya eres consciente de aquello que te hace daño, ahora pon tu mirada en aquello que es importante para ti y a lo que jamás vas a renunciar; a tu familia, amigos, aficiones, sueños…

La clave está en derrumbar muros interiores; yo merezco ser feliz, yo merezco tiempo para mí, merezco disfrutar de mis aficiones, salir al mundo, merezco reír y verme bien…

Cuando uno se gratifica a sí mismo y se aporta lo que en verdad merece, vuelve abrirse al mundo, vuelve a ser más receptivo con lo que le rodea, hasta que al final cuando menos lo esperas, la vida te trae aquello que necesitas.

Nadie puede controlar lo que va a pasar mañana, ni podemos planearnos sueños inalcanzables, pero soñar no es malo, alimenta nuestra ilusión y nos llena de fuerza para conseguir los objetivos. No obstante, no olvides ser humilde y aprende a dejarte llevar con más flexibilidad.

Ahora bien, el dejarte llevar no significa poner el piloto automático y permitir que las cosas sucedan al azar, tú llevas el timón de tu vida y sabes que rumbo tomar.

Pero recuerda... déjate llevar por los vientos suaves, sal de tu zona de confort y avanza, mantén la mente abierta, los ojos despiertos y el corazón receptivo.

Tienes que prestar atención a la información que te llega a través de tus sentidos.

A todos nos ha pasado en alguna ocasión, que hay momentos en los que sentimos que no estamos avanzando en la vida, momentos en los que nuestro entorno, nuestras circunstancias o incluso nuestra propia conciencia, nos dicen que estamos un poco perdidos.

¿lo has sentido alguna vez?

A pesar de lo incómodo que puede parecer ese momento, debes asumir que es un proceso habitual en la vida. Y es que a veces es necesario perderse, para volverse a encontrar a uno mismo.

Hay señales que demuestran, que por muy desorientado que te encuentres ante una decisión o situación, te mostrarán que estás avanzando en la vida;

-No te importa perder, porque sabes que en un futuro ganarás.

Muchas personas piensan a cierta edad, que ya tienen que tomar decisiones seguras, para garantizarles un modelo de vida convencional; seguridad en el trabajo, seguridad en las relaciones, seguridad emocional…

Cuando uno sigue tomando decisiones arriesgadas, no significa que esté perdido. Significa que quiere seguir disfrutando de la vida, y lo hace de manera consciente, porque sabe que en un momento u otro le tocará ganar a él.

-Todavía no te has asentado en un lugar y sigues explorando el mundo.

Viajar es una de las experiencias vitales más importantes para las personas. No sólo nos ayuda a conocer otros lugares y culturas, si no que también nos ayuda a conocernos a nosotros mismos. Viajar es como mirarse al espejo, ver reflejada nuestra silueta en diferentes lugares, culturas y situaciones, nos ayuda a comprendernos mejor. Es por eso que muchas personas siguen viajando, a pesar de que su entorno les dice que deben asentarse ya. Si eres así, no estás desorientado, estás avanzando en la vida y de hecho, más rápido que ellos.

-Constantemente te enamoras de nuevos proyectos profesionales.

Hay muchas personas que consideran que un puesto de trabajo fijo y seguro, es la única forma de labrarse un buen futuro. Es por ello que cuando conocen a personas que están cambiando a menudo de proyectos y probando diferentes alternativas, creen que están desorientados…nada más lejos de la realidad!!

Una de las frases de la vida más recurrentes dice;

Encuentra un trabajo que te guste, y no tendrás que trabajar ningún dia de tu vida.

Tu pasión es la que te guiará a través de diferentes proyectos para que puedas adquirir la experiencia necesaria, que te permita tomar la mejor decisión.

-Te niegas a comprometerte con alguien, porque no encaja contigo.

No todas las parejas se comprometen por amor. Existen otros muchos factores y por desgracia, el miedo es uno de ellos. Tú no eres así. Te niegas a comprometerte con una persona que no encaja contigo al 100%. Prefieres esperar aunque tu entorno te diga que es hora de hacerlo, tú sigues fiel a tus principios.

-No has ahorrado mucho, pero disfrutas del dinero con cabeza.

Por mucho que digan que el dinero no da la felicidad, es cierto que resulta imprescindible para poder disfrutar de muchas cosas; viajar, probar nuevos restaurantes, asistir a una obra de teatro… no quieres perderte algunas oportunidades que te brinda la vida. Pero esto no significa que seas un derrochador y gastes tu dinero en caprichos, tú conoces el valor del dinero, y por eso cuidas tanto el cómo lo gastas.

-Sigues tus pasiones, aunque eso no te garantice el éxito.

Desde que somos niños estamos llenos de pasiones. El problema es que la vida, a base de golpes y una sociedad que limita los soñadores, nos las van quitando.

Tú en cambio sigues luchando por tus pasiones. No te preocupas, las pasiones alimentan el alma. Aunque no nos garanticen el éxito, si que nos garantizan la felicidad y el bienestar con nosotros mismos.

-Disfrutas conociendo personas nuevas, aunque solo sean de paso.

Es cierto que cuanto más crecemos más nos cerramos ante la posibilidad de que personas nuevas entren en nuestra vida. Quizás porque nos volvemos más exigentes, tenemos menos tiempo para compartir…

Tú en cambio sigues completamente abierto a nuevas relaciones. Sabes que no todas ellas durarán para siempre, pero sí que eres consciente, de que todas ellas dejarán una pequeña huella en ti. Esa huella por pequeña que sea, es la responsable de que sigamos evolucionando y avanzando como personas.

El verdadero progreso en la vida, no se mide por la edad ni los éxitos conseguidos, el verdadero progreso reside en disfrutar tanto o más del camino que del destino.

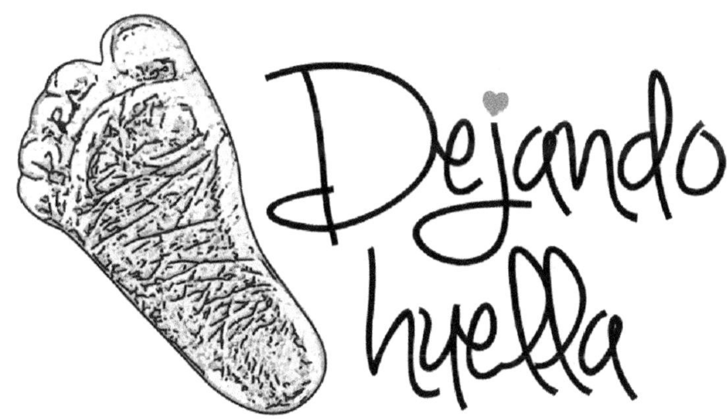

25.

-CAMINA HACIA TU CORAZÓN-

Caminar hacia tu corazón, es fluir hacia tu propia esencia, empezando a crecer desde ese lugar conectado a ti mismo.

Date el permiso para poder caminar hacia tu verdad, hacia tu naturaleza. Anda los pasos que tú sientas, sin dejarte arrastrar por tus creencias ni los demás. Has de saber que la única persona que calza tus zapatos, eres tú.

Tú eres la única persona que puede entender tus pasos, para seguir tu propio camino, será entonces cuando podrás sin duda escribir tu propia historia.

Entrar y caminar hacia tu corazón es amarte, respetarte a ti mismo y respetar a todas las personas y todo lo que te rodea.

Si eliges el camino del corazón, es muy probable que te surja la duda de… si me dejo llevar por el corazón entonces, ¿Qué es lo que yo controlo?

El corazón no es como la mente que le gusta controlarlo todo, no es racional y eso es lo que quizás más te asuste y no te dejes llevar por ese sentir. Es normal, puesto que nuestra vida siempre ha estado basada en el razonamiento puro y duro, sin tener en cuenta al corazón.

¿Te ha pasado alguna vez en tu vida, que en una situación te has dejado llevar por lo que sentías, y tras haberlo hecho, asombrado, te preguntaste cómo pudiste hacerlo sin planearlo?

Piensa como te sentiste en ese momento, que sensación invadió todo tu cuerpo, esa sensación es la que tú alma y tú deseáis experimentar y vivir.

Es normal pensar que no será posible, seguro que habrá momentos que querrás desistir y no seguir por ese camino, el del corazón.

Tantos años controlándolo todo, que ahora ese camino da vértigo e inseguridad. Pero créeme es mucho más fácil de lo que te puedas imaginar, déjate sentir, respétate, respeta y confía.

Hemos crecido con la idea de que siempre hay que hacer más caso a la razón que al corazón, la pregunta que te deberías hacer es; ¿me funciona? ¿Me siento bien siguiendo la razón antes que al corazón?

Es cierto que nuestra mente sin ninguna duda nos ayuda pero, ¿Qué pasaría si le diéramos la vuelta? ¿Si ponemos como primera opción hacer lo que nos dicta el corazón, ayudándonos con la razón, para poder llegar a lograr eso que estamos sintiendo?

Otra de las cosas a tener en cuenta, es lo que siempre nos han dicho, que si abrimos el corazón nos va hacer débiles y vulnerables. Pero nadie te dijo que un corazón cerrado, no es vivir la vida, que tú y solo tú tienes la capacidad de vivir desde ese lugar.

Es cierto que con un corazón abierto nos volvemos más vulnerables y en ocasiones, podemos sentir el dolor más adentro, pero a cambio, nos da la libertad de no perdernos la vida.

Da siempre lo mejor de ti, no mires lo que te dan los demás, da tu mejor versión y no esperes nada a cambio, si lo haces de corazón, no hay devolución, la vida, el universo o como tú lo quieras llamar, ya se encargará de devolvértelo. O tal vez, en consecuencia de actuar así, ya lo estés recibiendo, porque estás en sintonía y en coherencia con tu corazón.

Cree en ello y experiméntalo!

26.

-CONECTO CON MI CORAZÓN Y CONFIO-

A cada paso que des, dalo con la seguridad de que es lo que ahora tienes que hacer, sabiendo que entras en un camino de incertidumbre porque has decidido salir de esa zona llamada confort. Pero confía, confía en lo que has sentido y da los pasos que tu corazón te vaya dictando en cada momento.

Es cierto y debes saber, que en ocasiones los caminos que estés transitando, no serán los que habías sentido en un principio, pero ahí es donde está la magia de la vida, ella te irá mostrando los caminos conforme tú los vayas andando y estés preparado y no antes.

Ahí reside la esencia de la vida, del camino, regalándote a cada instante un aprendizaje durante esos pasos que estás dando, sin saber ciertamente donde te acabarán llevando.

Quizás te preguntarás que cómo se toma una decisión.

Cuando no sepas qué decisión tomar, pregúntale a tu corazón, él sabe y te guiará. Él tiene una manera muy bonita y sutil de comunicarse contigo, tienes que aprender a conectar con su vibración, tienes que ajustarte a su frecuencia.

Para ello primero tienes que aprender dos cosas; aquietar tu mente cultivando el silencio y aprender a escuchar. Será entonces cuando vibres en su frecuencia.

Leer este libro, escuchar la historia de alguien, ver una película… siempre te puede ayudar o inspirar mucho, pero la experimentación de caminar por tu propia existencia, con un corazón abierto, en realidad será tu transformación personal.

Déjate llevar.

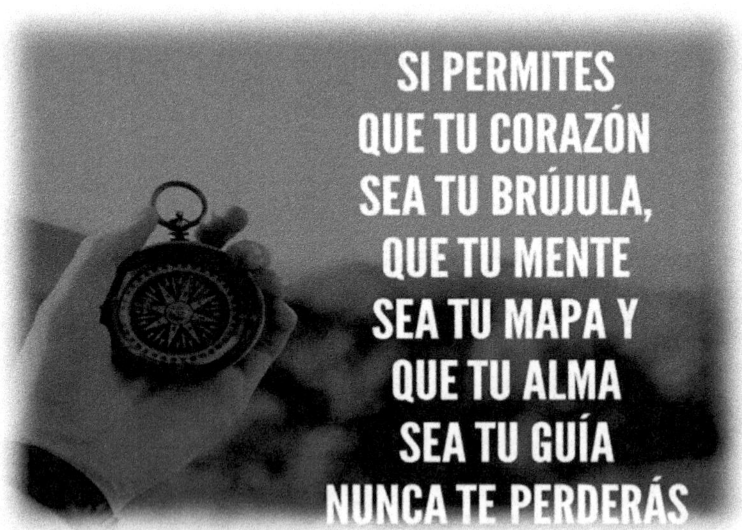

COMO SABER CUANDO TE HABLA LA MENTE O EL CORAZÓN.

La voz de la mente eres tú hablándote a ti desde el ego, la voz del corazón es la vida indicándote el camino para ser feliz.

La mente es una gran aliada, sobre todo para cualquier cosa relacionada con la supervivencia, con lo más esencial, con la rutina diaria…

En las cuestiones del día a día usar la mente es efectivo, pero para la felicidad auténtica, resulta más eficiente usar nuestra capacidad espiritual o escuchar la voz del corazón.

El problema es que nos resulta difícil escuchar esa voz, sobre todo si te has pasado la vida desoyéndola. Si no prestas atención a las necesidades más sutiles, las más importantes, las que le dan sentido a tu vida, al final esa voz se va apagando y resulta muy complicado escuchar lo que nuestra alma nos está pidiendo, hasta que en algunos casos se produce la enfermedad para que por fin te detengas a escuchar.

Para que no llegue ese punto extremo, te facilito algunas claves para dar un sentido más profundo a tu vida, un sentido que solo es tuyo y para ti y que descubrirás aprendiendo a escuchar lo que te pide el corazón.

-NO UN CUERPO, SINO TRES.

Todo lo que le ocurre al cuerpo, tiene que ver con la mente y viceversa.

Por mucho que nos creamos más evolucionados, lo cierto es que vivimos esclavos de los aspectos más básicos de la existencia; el dinero, el éxito, el sexo, los placeres, el ego… en cambio hay otros aspectos más sutiles como la felicidad, la compasión, el universo, la existencia, el desapego…

-Cuerpo espiritual: es el más sutil de todos y el que nos conecta con el universo y con algo muy superior a nuestra propia individualidad.

-Cuerpo mental: en él se almacena la información más sutil y es un puente entre lo universal y lo particular, entre el alma y el cuerpo.

-Cuerpo físico: es el vehículo en el que viaja nuestra alma, la materia más densa.

Pero el hecho de que se diferencien estos cuerpos, no quiere decir que estén separados. Más bien todo lo contrario. Todo está relacionado.

-LA MENTE NO SIRVE PARA BUSCAR LA FE-LICIDAD.

Por mucho que nuestra sociedad enferme de arrogancia, se valora por encima de todo lo demás la razón, que enorme arrogancia creer que hacemos las cosas mejor que la vida, que podemos superarla. No, no podemos.

Hay algo muy superior a nosotros, cuando somos capaces de percibirlo, empezamos a no necesitar prácticamente nada para ser felices. Solo entonces podemos acercarnos a la felicidad.

La mente sirve para la supervivencia y es por eso que la usamos cada día para encajar en la vida, para hacer lo que creemos que debemos hacer para sobrevivir.

Necesitamos la aceptación social, necesitamos que otros validen nuestras acciones. El problema es que nuestra sociedad está profundamente enferma, nos pasamos la vida trabajando para empresas, llenos de estrés, de tristeza, de adicciones, de cualquier cosa menos de paz y serenidad.

-IMAGINA POR UN MOMENTO...

Imagina por un momento que todas las cosas que crees que tienen tanta importancia, no la tuvieran en verdad.

Imagina por un momento que fueras capaz de vivir sin tantas cargas, sin estrés, sin tantas responsabilidades.

Imagina que fueras capaz de vivir libre y feliz, en serenidad, con paz interior, sin prisa, sin necesidades, con muy poco, haciendo muy poco, solo siendo feliz.

Imagina por un momento que no tuvieras que trabajar tanto, que todos los días fueran vacaciones, que no tuvieras que hacerlo todo perfecto como se nos exige en esta sociedad... que simplemente siendo tú, sin esforzarte en nada, todo fuese perfecto.

Imagina por un momento que hubiese algo superior que nos guía, que nos supera, que hay unas leyes universales que no elegimos sino que simplemente son.

Imagina que ese algo superior te quisiera feliz, te arropara y te fuese dando pistas para enseñarte el camino hacia la felicidad y el desapego.

Imagina por un momento que la forma en la que se escuchan esas señales es a través de la voz interior, la voz del corazón, de la intuición.

Imagina que ese camino no tiene nada que ver con la lógica ni con la razón, sino con el amor y la felicidad.

Imagina que la voz de la mente eres tú hablándote a ti desde el ego.

Imagina que la voz del corazón es la vida hablándote desde la unidad.

27.

-COMO DIFERENCIAR LA VOZ DE LA MENTE DE LA VOZ DEL ALMA-

-La mente te habla a través de pensamientos.

Si estás en un momento crucial en el que necesitas respuestas importantes, no hagas ni caso de nada de lo que pienses. Lo que pienses no es lo que vale y no es la vida la que te habla sino tu ego. Verás que cuando quieras decidir algo empezarás a pensar cosas como; no me conviene, no es correcto, no está bien, no tengo fuerzas, no estoy preparado…

-La vida te habla a través del cuerpo y de las sensaciones.

Si eres capaz de dejar de pensar por un momento y te centras en lo que sientes, encontrarás las respuestas. Hazte consciente de cómo te sientes cuando estas con alguien, cuando haces determinada cosa, cuando vas a trabajar, cuando te relacionas con otros…

Si tienes dudas sobre lo que tienes que hacer para ser feliz, simplemente detente un momento y siente. Todo lo que tiene que ver con el estrés no es la respuesta. Todo lo que te produzca paz, serenidad, quietud, silencio… esa es la respuesta.

Deja que te ponga un ejemplo:

No te gusta tu trabajo (en el fondo de tu corazón sabes que no es tu sitio y que te va hacer enfermar.) pero cuando te planteas dejarlo, empiezas a pensar que te hace sentir muy bien tener dinero, tener seguridad, tener la casa y el coche que tienes… todo eso que tú dices que te hace sentir muy bien son solo pensamientos.

A lo que debes prestar atención es a tu cuerpo cuando vas a trabajar, ¿te levantas a las 6 loco de ilusión por ir a trabajar o te quedas haciendo tiempo en la cama porque no quieres ir a trabajar?

¿Te llena de alegría tu trabajo y las horas se pasan volando y tienes ganas de seguir al día siguiente o se te hacen las horas eternas?

¿Te llena de energía o te gasta la energía?

¿Te sientan de maravilla las comidas con los compañeros o te dan ardor de estómago?

Por supuesto, todo tiene un precio. Si dejas un trabajo, una amistad, una pareja o lo que sea, vas a sentir miedo a lo desconocido, y eso no es serenidad. Cuando hablo de paz y serenidad, me refiero a cuando ya has conseguido hacer lo que la vida te está indicando.

Un buen truco es imaginar cómo sería tu vida si te atrevieras a ser coherente y feliz. Si sientes paz al imaginarlo, ese es el camino, aunque de momento te de miedo o tengas que atravesar una etapa de cambio.

La felicidad tiene que ver con hacer, decir y actuar siempre de una forma coherente con lo que dice nuestro corazón. Sin fingir, sin disimular, sin esperar nada, ni éxito ni fracaso, sino simplemente haciendo aquello que nos sale del alma, piensen lo que piensen los demás y piense lo que piense tu mente.

La vida nos habla sin cesar, no existe ningún ser humano al que la vida no le envíe señales para mostrarle por dónde ir.

¿Por qué te niegas el acceso a lo que la vida se empeña en ofrecerte?

Cuando aparece una puerta y se abre, hay que pasar… porque no siempre aparece!!

Empieza por aprender a mirar en el fondo de tu corazón, para poder sonreírte a ti mismo.

La vida te ama, hasta en tus torpezas y rechazos, te ha trazado un camino y te ha diseñado puertas, la vida sabe de dónde vienes y a dónde vas.

Comprende que la vida que has recorrido ha sido la mejor para ti.

Siente que la vida es un juego y como tal, la has empezado a vivir.

Jugar es alegría, es entusiasmo, es paz.

La vida es como un juego y es importante ser consciente de que estás jugando tu partida, y ganar o perder depende de ti.

En cada juego como en la vida, perseguimos un objetivo. Es importante tenerlo claro, planificar nuestras decisiones, tener un plan y avanzar.

Pensar en una jugada es definir cuál es el siguiente paso a seguir, tomar decisiones e ir a por ellas. Cada paso que damos a la vida tiene unas consecuencias ante la vida.

Piensa bien tu estrategia para no perjudicar a nadie, a la misma vez que caminas y avanzas para conseguir tus objetivos.

Aunque no tengas una estrategia muy elaborada o lo veas difícil, no dejes de mover ficha, la peor decisión siempre es la que no se toma. Y aunque la decisión tomada salga mal, avanzar aprendiendo de las malas jugadas también es avanzar, ya que vamos descartando por donde no queremos volver a pasar.

La vida es como un juego y es además la partida más larga, ya que no podemos dejar de jugar ni de avanzar mientras vivamos. Y si abandonamos habremos perdido la vida, ya que vivir es jugar siempre, por eso hay que disfrutar mientras se juega.

No lo dudes, en la vida como en el juego ya eres ganador si decides serlo.

En cualquier momento sonará la campana que finaliza el recreo y nos empezaremos a plantear que nos quedamos con ganas de hacer. Tenemos que poner todo nuestro corazón para ir aprendiendo, innovando, desafiándonos a nosotros mismos en cada momento.

No permitas que la vida se te escurra entre los dedos por vivir en el pasado o en el futuro.

La vida es un juego colmado de poderosas enseñanzas, grandes palabras y principios por los que actuar día a día.

No dejemos que suene la campana que finaliza nuestra partida sin antes haber jugado.

28.

-COMIENZA A SER TÚ-

Durante mucho tiempo sentí la necesidad de llenar las expectativas de los demás. Había una diferencia entre lo que yo era y lo que creía que el mundo esperaba de mí.

Con el tiempo y algunas malas experiencias, me di cuenta de que la presión me había convertido en un camaleón. El problema es que estaba perdiendo mi esencia.

¿Te ha pasado alguna vez?

¿Te está pasando ahora mismo?

¿De verdad crees que es más importante ser lo que esperan los demás, que ser tú mismo?

Con el tiempo te sentirás mal, notarás que te has perdido. Así que cuando llegue este momento será necesario que frenes y te empieces a encontrar respuestas, a las preguntas que te estás haciendo.

Cuando pasa tanto tiempo intentando agradar a los demás, olvidas lo que vales, olvidas quien eres, olvidas lo que deseas…

No debes sacrificar tu esencia para dar gusto a las personas equivocadas. Se tú mismo y procura agradarte a ti antes que a nadie. Para ser feliz de verdad, debes ser honesto contigo, vivir tus propios sueños y sentirte orgulloso de lo que te hace único. Cuando aprendes a estar cómodo contigo mismo, empiezas a descubrirte.

En lugar de compararte con otros, revisa dentro de ti para encontrar tu verdadero potencial. Cada uno vive con su propio equipaje y este nunca es tan ligero como quisiéramos. Permite que la persona que eres salga, se tú mismo y no te preocupes si los demás no te aceptan.

Las personas que te aman y que de verdad importan, seguirán a tu lado sin importar tus defectos. Es importante que conectes con tu autenticidad y compasión, solo sé tú mismo.

¡Ir en contra de la autenticidad tiene un precio muy alto!

- Tener problemas somáticos.

- Tener la sensación de vacío interior.

- Sentirnos frustrados constantemente, hagamos lo que hagamos.

- Vivir ajenos a nuestras necesidades más profundas.

Para vivir de manera auténtica, deberíamos ser honestos con nosotros mismos y poder reconocer que nos estamos alejando día a día de nuestro verdadero YO.

Ser auténticos, finalmente, es un camino de sinceridad con uno mismo. Es un acto de valentía. Es el mayor acto de amor y respeto hacia uno mismo que podemos hacer.

¿Te atreverías a transitar sobre el camino de la autenticidad?

¡No tienes nada que perder!

Viniste al mundo a ser tú, no te distraigas.

Nadie puede hacerse, ni formarse, ni moldearse más honestamente que uno mismo. Ser tu es fundamental para descubrirte y desarrollarte como persona.

Abrir tu corazón es ser tú mismo y mostrar tus sentimientos puede hacerlo todo más fácil.

Ser tu es descubrir la magia que hay en ti, regala tu esencia sincera, déjate brillar y tu alrededor desprenderá luz contigo. Quiérete y encontrarás el lugar que te pertenece. Descúbrete a ti mismo y cuando te sientas preparado, descúbrete ante los demás, los frutos honestos son los únicos que no se olvidan nunca, te lo agradecerán y te lo agradecerás.

-FUI LO QUE PUDE, AHORA SOY LO QUE QUIERO-

He vivido completamente engañada durante mucho tiempo, y lo peor de todo, ni siquiera era consciente de ello.

Pensaba que mi vida tenía todo el sentido que le había querido buscar, hasta que me di cuenta, de que solo había estado siendo lo que podía ser, no lo que quería ser.

No es que me hubiera engañado nadie, es que yo no había sido sincera conmigo misma. Es una sensación rara porque en esa zona de confort, no eres capaz de darte cuenta de que no estas exprimiendo tu esencia al máximo.

Y cuando la vitalidad llega de verdad… resulta que te auto descubres y entonces ves las energía positiva de las cosas y por fin parecen estar los sueños y las metas un poco más cerca.

Ser auténtico es la única manera de la que disponemos para que nos quieran sinceramente y los que nos rodean decidan quedarse a nuestro lado.

Cuando te das cuenta de que ahora si eres quien de verdad querías ser, es cuando también entiendes que antes no lo eras.

El chip ha cambiado, y todo el círculo que rodea tu vida cambia contigo.

29.

-EL CAMBIO ERES TÚ-

¿Quién dijo que fuese fácil?

Cualquier cambio, todo lo que merece la pena cuesta.

Lo primero que debes pensar es siempre en positivo.

Tu vida ha cambiado y con positivismo, debes intentar superar y cambiar esta situación por la que estás pasando. Tú tienes que creer en el problema y querer superarlo, tú puedes llegar a ser tu mejor psicólogo, la fuerza del cambio, el esfuerzo, recae solo en ti.

Concédete la oportunidad de cambiar tu vida radicalmente. Es muy posible que en tu interior surjan muchos pensamientos limitantes, que te hacen sentir estancado como por ejemplo; creer que a determinada edad no es posible lograr tu sueño, pensar que debes resignarte a una situación…

Si quieres empezar a cambiar tu vida, entonces comienza por cambiar tu mentalidad.

Tu autoestima, tu necesidad por aprender e ilusionarte, el amor, el respeto, la dignidad y nuestra necesidad por cultivar el crecimiento personal, deben ser pilares esenciales en tu día a día. Otro aspecto que no debe de cambiar a lo largo de nuestra vida, son sin duda los valores, como el respeto a uno mismo y a los demás, la honestidad, la valentía…

No le tengas miedo a los cambios.

Algunas claves para asumir los cambios con sabiduría son;

-Tú eres la prioridad, el protagonista de tu vida y eres importante dentro de tu mundo. No te aferres a los miedos o a la indecisión, porque a largo plazo, llegará la frustración, el lamento por una vida no vivida.

-Nunca dejes de cuidar ese niño interior.

Debes ilusionarte por ti y por la vida, ser espontáneo dentro de toda la sabiduría que has adquirido. Disfruta de las cosas sencillas, ama, experimenta, atrévete.

En el camino de la felicidad, estamos destinados a cambiar aspectos de nuestra vida de vez en cuando.

Actualizarnos es como oxigenarnos, darnos espacio vital, semillas de oportunidades y bocanadas de felicidad.

Si te limitas a quedarte siempre de la misma manera, serás como esa agua estancada que poco a poco se va volviendo turbia. Lucha por llegar al lugar donde deseas, por tu crecimiento personal. Escoge un entorno donde se puedan desarrollar tus virtudes y felicidad.

¿Quién mejor que tu conoce lo que te hace feliz?

Para aceptar el cambio y enfocarnos correctamente, debemos gestionar las emociones, es el primer paso para superar el cambio con éxito, sobre todo el miedo.

El miedo no debe ser un motivo para paralizarnos y no hacer nada, sino para estimularnos a actuar, a tener curiosidad y a ser proactivos. El miedo es una respuesta natural ante lo desconocido, pero no debes permitir que te domine.

Para adaptarte a los cambios y enfocarte en lo nuevo que traen, es necesario que te conozcas a ti mismo para identificar tus defectos y virtudes para permitirte adaptarte mejor al cambio.

Gestionar el cambio, va a suponer que tengas que ver qué puede ocurrir y plantearte varias formas de actuar para reducir imprevistos. Modificando tu actitud y conducta podrás reducir el impacto del imprevisto en tu vida.

Estoy buscando tu BOTÓN de reinicio, porque tu NO eras así... !
No te resistas AL CAMBIO.
Adáptate

30.

-LLEGÓ EL MOMENTO-

Ya llegó el momento, tú momento. Ya pasaste por muchas etapas de auto descubrimiento, de experimentar como se siente trabajar en donde quieres y en donde no, de estar enamorado, desilusionado, de ayudar a los demás, dejarte guiar, de estar en tu peso, de no estarlo, de comer sanamente, de comer fatal…

Ya pasaste depresiones, ansiedades y momentos de plenitud, peleas, gritos, besos y abrazos, ya pasaste por muchas etapas, y ya es el momento de pasar a la siguiente.

Regresa a ti.

Regresa a tu esencia, a quien eres en realidad, a quien eras antes de tener creencias, miedos, preocupaciones, antes de querer imitar a los demás o de querer caerles bien, antes de sentir el estrés de la casa, un regreso a ese momento antes de tener que elegir algo para estudiar y decidir quién ser en base a eso.

Es momento de que te des cuenta de algo maravilloso, de eso que ya sabes en algún lugar de tu intuición pero no habías logrado entender con claridad.

Puedes hacer lo que quieras con tu vida, eres lo máximo, eres hermoso, te mereces todo, no existen límites, eres infinitamente sabio.

Date cuenta de la verdad. La verdad de que naciste con luz en tu mirada, con un espíritu amoroso, naciste con chispa, con mucho cariño y amor dentro de ti para los demás.

Naciste sin juicios, sin requisitos para ser feliz, sin miedos y sin pensamientos.

Naciste en esencia original, única y muy especial.

Llegaste al mundo para dar amor y recibirlo de la misma manera, tienes un alma pura, tranquila y alegre y a eso es a lo que tienes que regresar.

Olvídate de todo lo aprendido por tu mente, y quédate con lo que tu espíritu ha ido recordando.

Deja de creer que tienes una misión específica en esta vida y un solo camino para tomar; tienes muchas misiones y muchos caminos por explorar.

Abandona hoy mismo la idea de querer ser aceptado, pues eso te ha impedido seguir tu corazón hacia donde te quiere llevar.

Hoy ábrete a explorar más y reactiva tu curiosidad por vivir, no estás limitado hacer una cosa y nada más, puedes hacer lo que quieras, no tienes por qué limitarte.

Contacta con el infinito amor que tiene tu alma, y siente ese amor hacia ti mismo, obsérvate en una fotografía y siente como gracias a ese amor infinito, puedes ser y hacer lo que quieras. No entiendo en que momento creíste que el mundo estaba cerrado a tus posibilidades o que tenías que ser solamente una cosa, una profesión, una rutina…

¡Para nada! ¡Puedes ser lo que quieras!

Puedes experimentar lo que quieras, abrirte a la belleza del mundo, explorar la naturaleza que conecta con tu alma, puedes aventurarte a la aventura de vivir sin miedo. Deja de preocuparte y de tomarte todo tan en serio.

Eres infinidad de posibilidades, amor expansivo ilimitado, alegría y chispa infinita, luz brillante…

Regresa al lugar donde perteneces, ahí donde te sientes en casa, ahí donde existe la verdad, ahí donde eres tú mismo, en esencia y nada más.

¡Vive la vida! ¡Vívela al máximo!

A veces no nos damos cuenta de que lo que debe cambiar no es la vida, sino la perspectiva que tenemos de ella.

Una vida sencilla pero vivida desde el fondo del corazón, puede ser más trascendente que otra repleta de grandes éxitos.

La vida no tiene por qué ser perfecta para ser maravillosa.

La felicidad no está en la perfección, la vida se mide en instantes y sobre todo, en nuestra capacidad para estar abierto a la realidad, a la oportunidad, a la magia de los detalles más simples que nos rodean.

¿Sabes apreciar todas las maravillas que te rodean en el día a día?

Todo nuestro tiempo es vida. Si no estás disfrutando cada segundo te estás perdiendo muchas cosas.

La vida es algo más que rutina, dormir, comer y trabajar.

La vida es algo más, es soñar en cada momento en acercarnos a lo que hemos deseado desde siempre.

Se trata de volver a soñar, de recordar que es lo que hace que nuestro corazón lata con fuerza.

Deja de lado tus preocupaciones y escucha, siente, siente la vida en su inmensa plenitud y belleza, con todos sus olores, sus colores, sus gentes… sonríe a cada momento, esa sonrisa te confortará.

La vida es sentir, es llorar, es reír, es abrazar, es acariciar, es dejar que los sentimientos nos inunden y dejarlos salir.

La vida es superar el miedo a vivir, a cambiar, a enamorarnos… demuéstrale a la vida que realmente quieres vivirla, levántate cada día con una sonrisa, muestra tu alegría y valentía.

Presta atención al presente, la vida está ocurriendo ahora, vívela.

Si deseas hacer algo, hazlo ya. Tanto si es un viaje, cambiar de trabajo, darle un giro a tu vida… no pienses que el día de mañana será mejor que ahora. Si estás seguro de algo no lo pienses, **¡hazlo ya!**

No pienses en lo que pueda pasar, disfruta de lo que tienes ahora, lo que tenga que ser… será.

Se realista en tu presente y no idealices un futuro imaginario, si quieres un futuro que se cumpla, debes hacerlo presente ahora. El momento apropiado siempre será ahora. No permitas que tu vida pase delante de tus ojos sin sentido alguno.

Si **VIVE TU CAMBIO** te ha gustado y sobre todo te ha ayudado a ser un poco más consciente de tu vida y a entender que todo cambia si tu cambias, te invito a que sigas cambiando tu vida con el segundo libro **VIVE TU CUERPO** para que puedas tener una vida más saludable con mayores beneficios y termines de cambiar tu vida con el tercer libro **EL PODER DEL AMOR CAMBIA TU VIDA**, porque estas tres áreas de la vida son imprescindibles de cambiar para poder tener una vida plena, llena de abundancia en todos los sentidos y sentirte la persona más afortunada del universo por poder disfrutar de esta vida.

Mi propósito de vida es hacerte consciente de que solo tú tienes el poder de cambiar tu vida.

Nunca es tarde para tener la vida que siempre has querido.

Siempre estas a tiempo de coger las riendas de tu vida y volver a ser tú en toda tu esencia.

La vida es mágica, disfrútala.

Vive tu vida, vive tu cuerpo y vive en el amor.

Mi sueño es que tú puedas descubrir esa fortaleza interior para que puedas cambiar tu vida y vivas esos cambios en ti.

Por esta razón te invito a seguirme en las redes sociales, allí te informaré de todo lo que hago para el cambio. Sígueme en…

 Vive_tu_cambio.life

 Vive_tu_cambio.life

Te deseo que vivas una vida consciente, abriéndote a los cambios que te ofrece la vida para que tengas una vida extraordinaria!

Mil gracias por haber confiado en mí, para poder hacer esos cambios en la vida que necesitas para sentirte pleno y orgulloso de ti mismo.

Si quieres colaborar conmigo para que otras personas puedan hacerse conscientes de su vida y poder animarlas a hacer esos cambios que siempre han deseado, puedes hacerlo de varias formas:

1- Regala el libro VIVE TU CAMBIO a las personas que más quieras.

2- Hazte una foto con el libro y envíamela a anablayandreo@gmail.com para animar a otras personas a hacer esos cambios en sus vidas. También puedes compartirlo en tus redes sociales.

3- Escríbeme unas líneas acerca de lo que te ha parecido el libro y si ha provocado algún cambio en ti.

4- Graba tu opinión en un pequeño video con tu móvil, donde simplemente digas tu nombre, recomiendes el libro y comentes los cambios en ti.

Gracias por existir, por haber elegido este libro para poder hacer esos cambios en ti, porque al hacer esos cambios en ti, estas ayudando a más personas a darse cuenta de que si quieren pueden cambiar siempre a la vida de sus sueños.

Te deseo todo lo mejor del mundo y te animo a vivir la vida al máximo…muchos besos.

LAÍN, LA VOZ DE TU ALMA

Hacía ya casi unos cuatro años que yo escuchaba a Laín en las redes sociales, desde un principio me llamó muchísimo la atención el título de su libro LA VOZ DE TU ALMA, para mi significaba mucho porque era como un llamado a que yo escuchara a mi alma, estaba en una vida donde yo no podía ser yo, donde no me dejaban volar, y ese título me inspiraba a escucharme.

Así que empecé a escuchar a Laín y me encantó desde el minuto número uno como explicaba sus enseñanzas y sobre todo lo que más me enamoró de él fue que enseñaba teniendo siempre presente las enseñanzas de Jesús, eso me enganchó a seguirlo.

Cuando por fin cambié mi vida todo me vino mágicamente…todo era magia en mi vida.

Gracias a la persona que hoy en día me acompaña en mi camino, decidimos ir al evento de VUÉLVETE IMPARABLE, no me lo podía creer, que yo pudiera disfrutar de Laín tan cerquita…era como un sueño hecho realidad.

El evento fue impresionante, aquella vibración que se respira allí, te empuja a coger las riendas de tu vida, empoderarte y sobre todo en creer en ti para conseguir tus sueños. Fue tal subidón que los dos decidimos hacer la mentoría sin dudarlo ni un instante. Súper contenta e ilusionada embarqué en este cambio para mi vida. Agradezco a Laín por todo lo que nos enseña, por su tiempo, por su dedicación en transformarnos en personas que creen en sí mismas, que si de verdad quieres un cambio en tu vida puedes hacerlo.

Gracias a sus enseñanzas y a seguir su ABC lo he conseguido.

Aquí está mi primer libro. ¿Quién dice que no se puede escribir un libro en tan poco tiempo?

Si quieres puedes.

Mil gracias Laín García Calvo por hacerme ver de que si se puede. Siempre te estaré agradecida por enseñarme hacerlo, por tus palabras de ánimo y tu amor.

Mil gracias por todo lo que me enseñas.

Mil gracias por empoderarme.

Mil gracias por cambiarme la vida con tus principios.

Mil gracias por existir en esta vida para que yo pueda aprender de ti.

Siempre mil agradecimientos.

Bendito loco, me uno a tu locura.

Y como dice Laín: si realmente quieres un cambio en tu vida, no pongas fecha…

¡TU CAMBIO EMPIEZA HOY!